LA

CRYPTOGRAPHIE DÉVOILÉE

OU

ART DE TRADUIRE OU DE DÉCHIFFRER TOUTES LES ÉCRITURES

EN QUELQUE CARACTÈRE ET EN QUELQUE LANGUE QUE CE SOIT

QUOIQU'ON NE CONNAISSE NI CE CARACTÈRE NI CETTE LANGUE

APPLIQUÉ AUX LANGUES

FRANÇAISE, ALLEMANDE, ANGLAISE, LATINE, ITALIENNE, ESPAGNOLE,

SUIVI D'UN

PRÉCIS ANALYTIQUE DES LANGUES ÉCRITES,

Au moyen duquel on peut les traduire sans en avoir aucune connaissance préalable.

PAR

C.-F. VESIN DE' ROMANINI,

Auteur de plusieurs ouvrages de géographie et de statistique.

DÉDIÉ

A S. M. LÉOPOLD Ier,

ROI DES BELGES.

PARIS

CHEZ L'AUTEUR, RUE RICHELIEU, 62.

Et chez les principaux Libraires de France et de l'Étranger.

1857

LA

CRYPTOGRAPHIE

DÉVOILÉE

TYPOGRAPHIE HENNUYER, RUE DU BOULEVARD, 7. BATIGNOLLES.
Boulevard extérieur de Paris.

LA

CRYPTOGRAPHIE

DÉVOILÉE

OU

ART DE TRADUIRE OU DE DÉCHIFFRER TOUTES LES ÉCRITURES

EN QUELQUE CARACTÈRE ET EN QUELQUE LANGUE QUE CE SOIT

QUOIQU'ON NE CONNAISSE NI CE CARACTÈRE NI CETTE LANGUE

APPLIQUÉ AUX LANGUES

FRANÇAISE, ALLEMANDE, ANGLAISE, LATINE, ITALIENNE, ESPAGNOLE,

SUIVI D'UN

PRÉCIS ANALYTIQUE DES LANGUES ÉCRITES

Au moyen duquel on peut les traduire sans en avoir aucune connaissance préalable.

PAR

C.-F. VESIN DE' ROMANINI,

Auteur de plusieurs ouvrages de géographie et de statistique.

DÉDIÉ

A S. M. LÉOPOLD Ier,

ROI DES BELGES.

PARIS

CHEZ L'AUTEUR, RUE RICHELIEU, 62.

Et chez les principaux Libraires de France et de l'Étranger.

1857

LA

CRYPTOGRAPHIE

DÉVOILÉE

OU

ART DE TRADUIRE OU DE DÉCHIFFRER TOUTES LES ÉCRITURES

EN QUELQUE CARACTÈRE ET EN QUELQUE LANGUE QUE CE SOIT

Quoiqu'on ne connaisse ni ce caractère ni cette langue

APPLIQUÉ AUX LANGUES

FRANÇAISE, ALLEMANDE, ANGLAISE, LATINE, ITALIENNE, ESPAGNOLE.

PREMIÈRE PARTIE.

PRÉFACE.

Pendant mes voyages, j'ai souvent été interpellé au sujet des circonstances qui m'avaient donné les premières idées de l'art de déchiffrer, et comment j'avais conçu le projet de le mettre à la portée de tout le monde. C'est par ces considérations, et pour satisfaire à ceux de mes lecteurs qui auraient la même curiosité, que j'expliquerai en peu de mots ces circonstances.

Lorsque j'étais au collége, nous avions adopté, entre camarades, des alphabets composés de signes d'une valeur idéale de convention, au moyen desquels les moins diligents recevaient la communication des devoirs des plus habiles, ainsi que tout ce que l'on avait à se dire secrètement.

Ordinairement, ce n'était qu'un petit nombre d'adeptes qui étaient initiés aux mêmes alphabets. Le désir de connaître le contenu des correspondances des élèves des classes supérieures me sollicitait vivement; et lorsque j'avais réussi à saisir une de leurs mystérieuses missives, je faisais tant et si bien, que je parvenais toujours à résoudre quelque partie du problème.

Fier de mes premiers succès, je continuai ainsi à m'en occuper avec plus d'ardeur, et ne tardai pas à acquérir l'habitude de lire toutes les écritures en chiffres adoptées par mes camarades. Ces messieurs croyaient tout bonnement que ce n'était que par des moyens subreptices que je parvenais à trouver la clef de leurs alphabets; ils étaient loin d'imaginer que les moyens que j'employais pour lire une de ces écritures, pouvaient aussi me servir pour lire toutes les autres. Afin de se mettre à l'abri de mes subtilités, ils eurent recours à de nouveaux alphabets, qu'ils changeaient cependant de temps à autre; mais en vain, tous y passaient. Et lorsqu'ils furent bien persuadés qu'il n'y avait pas de secret idéographique qui pût résister à mes investigations, ils commencèrent à perdre l'usage de leurs correspondances hermétiques.

Ce qui contribua beaucoup à leur faire prendre cette détermination, c'est que généralement tous mes condisciples, soit par curiosité, soit par petite vengeance d'enfant, lorsqu'ils éprouvaient quelque contrariété de la part d'un camarade, et qu'ils pouvaient avoir en main de ses écritures, s'empressaient de venir à moi pour se les faire traduire; en sorte qu'on ne m'appela plus que le Fléau des Hiéroglyphes, ce qui me fit une renommée presque redoutable.

La renommée la mieux fondée entraîne souvent bien des désagréments. La mienne, tout innocente qu'elle fût, m'attira l'animadversion du directeur et de quelques professeurs, notamment d'un maître d'étude, parce que plusieurs de ces écritures mystérieuses étant tombées à différentes époques en leur pouvoir, ces messieurs pensèrent avoir trouvé en moi un docile instrument qui allait leur dévoiler ce qu'elles contenaient. Ils se trompaient cependant; ma science devenait impuissante pour eux.

Le maître d'étude auquel nous faisions continuellement une guerre à mort est celui qui me conserva le plus longtemps rancune ; il nous punissait toujours pour avoir ri à l'étude, et certes, on ne pouvait s'empêcher de rire quand on regardait attentivement sa figure, ou quand on l'entendait parler ; nous ne savions pas où notre directeur avait pu déterrer un homme de cette nature. Figurez-vous un véritable Mayeux ; jamais figure plus hideuse n'avait apparu à nos yeux. Il s'emportait à tous moments, et lorsqu'il se mettait en colère, il criait toujours haut, très-haut. Cependant il paraissait vraiment rire toujours. Il avait en outre une voix toute particulière ; chaque mot qu'il disait commençait par un ton de BASSO et finissait par celui de SOPRANO, de façon qu'il semblait se moquer de lui-même. Lorsqu'il avait quelque chose à nous dire, c'était toujours avec une rare éloquence : « Messieurs, faites silence ; car si vous ne voulez pas faire silence, je vous ferai faire silence. » Et tous de rire de plus belle.

C'était pourtant un excellent homme ; je lui pardonne de bien bon cœur toutes les méchancetés que je lui ai faites.

Au sortir du collége, j'eus bientôt tout à fait oublié la principale connaissance que j'y avais acquise, en dépit de mes condisciples et de mes maîtres. Je n'y pensais plus, quand, bien longtemps après, j'en compris toute l'utilité.

C'était à Turin. Un jour un de mes amis me fit voir une lettre en chiffres, en me disant qu'il serait heureux s'il en pouvait lire le contenu et connaître le nom de la personne qui l'avait écrite : soudain je me rappelai mon ancienne habileté. Il me confia le mystérieux papier, et, peu d'instants après, j'avais dissipé les ténèbres de cette diplomatie féminine.

Inutile de dire maintenant comme quoi je me mis à cultiver réellement cette science, et comme quoi je m'en fis presque une spécialité, à laquelle je consacrai tous mes instants de loisir.

Je publiai dans le temps à Paris une brochure qui me valut des brevets du roi; et quoique l'art de déchiffrer ne s'appliquât dans cette brochure qu'à la langue française, deux éditions en furent rapidement épuisées.

Elle portait le titre d'Obscurigraphie, *ou Art d'écrire d'une manière obscure.* Ce nom ne me parut pas très-heureux, par la raison qu'il ne se rapportait qu'à l'art d'écrire, et non de déchiffrer. Je l'ai donc depuis changé en celui de CRIPTOGRAPHIE DÉVOILÉE, qui embrasse, dans sa signification, et l'art d'écrire en caractères secrets, et l'art de les expliquer.

Je fis imprimer plus tard à Bruxelles, sous ce nouveau titre, un gros volume et fort étendu, qui, à la vérité, et par le format et par son prix, n'était guère à la portée de tout le monde, ainsi qu'en avait été mon but principal.

A cette occasion, je ne m'étais plus borné à l'appliquer uniquement à la langue française, je l'avais étendu à sept langues, savoir : *française, allemande, anglaise, italienne, latine, flamande* et *hollandaise*, et cela : 1° pour prouver que la méthode est toujours la même, sauf quelques particularités qui s'appliquent spécialement à chacune d'elles ; 2° pour faire sentir l'utilité et l'importance de cette science, non-seulement aux gouvernements, aux diplomates et aux autorités militaires, mais aussi aux archivistes, légistes, bibliothécaires, enfin à tous les hommes instruits ; 3° pour démontrer comme quoi l'étude de la CRYPTOGRAPHIE DÉVOILÉE serait essentiellement utile à développer l'esprit de la jeunesse, à l'habituer à réfléchir, à acquérir des connaissances profondes dans l'étude soit des langues, soit des mathématiques, et faciliterait beaucoup le développement de sa mémoire; 4° pour analyser d'une manière claire et positive les matériaux dont se forment les différentes langues; car j'ai étudié et fait connaître la construction de tous les mots et leurs désinences; décomposé et recomposé de fond en comble toutes ces langues, pour être à même de pouvoir en étudier tous les moyens, même les plus imperceptibles, qui pouvaient me conduire à atteindre mon but.

Les petits mots, la répétition plus ou moins fréquente des différentes lettres, les mots qui, par leur construction, offraient quelques chances pour être découverts, les redoublements, diphthongues, etc., qui sont encore des moyens très-efficaces pour parvenir à quelques découvertes, tous avaient été épuisés, tous avaient été mis en ordre et divisés et subdivisés en différentes catégories, afin d'en rendre la recherche facile et simple.

J'ai fait plus : considérant toutes les langues écrites, étrangères, comme de véritables Cryptographies, j'ai voulu, afin de rendre mon ouvrage aussi complet que possible, et surtout digne de l'attention publique, y appliquer encore la méthode, non-seulement au déchiffrement de tout écrit tracé dans quelque caractère et dans quelque langue que ce soit, mais aussi à l'intelligence de sa juste signification, sans qu'il soit nécessaire de savoir un seul mot de la langue à laquelle il appartient.

J'ai réussi !

J'ai donc ajouté à la CRYPTOGRAPHIE DÉVOILÉE un PRÉCIS ANALYTIQUE DES LANGUES ÉCRITES formant la deuxième partie de ce volume, PRÉCIS au moyen duquel on peut, sans le secours d'un traducteur ou d'un professeur, connaître le sens parfait d'une période écrite dans une langue dont on n'aurait aucune notion préalable.

Des savants à qui j'avais fait part de cette découverte exclamèrent le mot IMPOSSIBLE ! et je leur ai répondu par des preuves irrécusables. Tant il est vrai que lorsque l'homme veut ce dont il pressent le bien, qu'il le veut constamment et qu'il agit en conséquence, il le peut toujours.

Il en est de toute découverte comme de l'œuf qu'il fallait faire tenir sur son axe. Les courtisans et les ignares sommités reculent devant l'entreprise hardie.

La chose est même réputée impossible jusqu'à ce que Colomb arrive, qui casse l'œuf et le fait rester immobile, au stupide étonnement des spectateurs. La chose n'était rien, c'est vrai; mais il fallait la trouver.

Avant de livrer mon nouvel ouvrage à l'impression, j'ai voulu le soumettre à l'examen et au jugement de l'Académie royale des sciences et belles-lettres de Bruxelles, afin que, dans le rapport dont elle le jugerait digne, elle éclairât le public sur l'utilité du livre qui lui était destiné.

Or, l'Académie royale ayant nommé une commission composée de MM. le baron de REIFFENBERG, le chanoine DE RAM et WILLEMS, pour lui rendre compte de ce travail, voici quel fut le résultat de ses délibérations.

Bruxelles, le 8 mai 1840.

ACADÉMIE ROYALE

DES SCIENCES ET BELLES-LETTRES

DE BRUXELLES.

MONSIEUR,

J'ai l'honneur de vous annoncer que l'Académie royale, dans sa séance du 7 de ce mois, a entendu le rapport de ses commissaires sur l'ouvrage intitulé CRYPTOGRAPHIE DÉVOILÉE, *que vous avez bien voulu lui adresser. Par suite de ce rapport, dont j'ai l'honneur de vous transmettre une copie, l'Académie m'a chargé de vous adresser des remerciements pour votre intéressante communication.*

Je saisis cette occasion pour vous prier, Monsieur, d'agréer l'assurance de mes sentiments très-distingués.

Le Secrétaire perpétuel de l'Académie,

QUETELET.

A Monsieur VESIN, *professeur, etc.*

EXTRAIT DU RAPPORT

FAIT A L'ACADÉMIE ROYALE, PAR M. LE BARON DE REIFFENBERG, MEMBRE, RAPPORTEUR DE LA COMMISSION.

La CRYPTOGRAPHIE *de M.* VESIN *me paraît le développement d'une application fort ingénieuse des principes de l'art conjectural dont Viète, S' Gravesande et autres ont fait connaître les bases; mais M.* VESIN *n'en est pas moins un OEdipe très-expert et d'une sagacité surprenante. Je crois donc sa* CRYPTOGRAPHIE *très-utile. La première partie est la résolution d'une équation toute remplie d'inconnues, où il y a cependant quelques valeurs données; dans la seconde, si je ne me trompe, il s'agit de résoudre une équation où je ne vois que des inconnues....*

Des remerciements seront adressés à l'auteur pour son intéressante communication.

C'est d'après ces résultats satisfaisants que S. M. LÉOPOLD Ier, roi des Belges, daigna accepter la dédicace de mon livre.

L'utilité de cet ouvrage est donc incontestablement reconnue. Tous les fonctionnaires, depuis les plus haut placés, les hommes de lettres, les savants et jusqu'au modeste élève, tous y trouveront un intérêt relatif et des résultats satisfaisants.

La CRYPTOGRAPHIE DÉVOILÉE a été ensuite approuvée par plusieurs sociétés savantes, et encouragée par plusieurs souverains de l'Europe; et en dernier lieu, encore, S. M. FRÉDÉRIC GUILLAUME IV, le roi actuel de Prusse, a daigné m'adresser une lettre autographe conçue dans les termes suivants :

MONSIEUR,

J'ai reçu votre CRYPTOGRAPHIE DÉVOILÉE, *et je me fais un plaisir de vous exprimer ma reconnaissance pour la communication de cet ouvrage intéressant.*

FRÉDÉRIC GUILLAUME.

Le résumé en six langues que j'offre aujourd'hui au public est un extrait consciencieux de mon principal ouvrage, auquel j'ai ajouté la langue espagnole et en outre quelques remarques et quelques judicieuses corrections, que de nouvelles expériences m'ont fait depuis envisager comme utiles. J'ai, enfin, tâché de faire en sorte de ne rien laisser à désirer, et sous le rapport de la science, et sous le rapport de la clarté et de la précision qui règnent dans toutes ses parties. Je l'ai réduit à une méthode dont les procédés sont logiques, simples, faciles, sûrs.

INTRODUCTION.

Le chiffre diplomatique est une manière d'écrire que mettent en usage les hommes d'État, les princes, les ambassadeurs, les commandants militaires, etc., pour assurer le secret de leur correspondance, si elle venait à tomber entre des mains ennemies ou étrangères. On emploie dans ce but, arbitrairement, ou des chiffres, ou des lettres alphabétiques empruntées à une langue quelconque, ou enfin des caractères imaginaires, plus ou moins bizarres, plus ou moins faciles à tracer, mais dont la valeur dépend des conventions préalablement faites entre les personnes qui correspondent. C'est à l'emploi des chiffres arabes, dans ces derniers temps, que cet art doit le nom d'écriture en chiffres.

L'usage des correspondances secrètes remonte à la plus haute antiquité. Un grand nombre d'auteurs en ont traité sous le nom de *Cryptologie, Polygraphie, Tachygraphie, Sténographie, Stéganographie*, etc. Nous nous occuperons ici de toutes ces parties, sans trop nous inquiéter de leurs dénominations.

Avant d'entreprendre à décrire cet art, et à initier le lecteur à ses détails, nous allons faire connaître rapidement l'origine de la correspondance secrète ; nous donnerons ensuite quelques notions sur les principales méthodes qui ont été en usage jusqu'à nos jours, et les moyens de les connaître et d'en traduire les applications.

L'origine de la correspondance secrète au moyen de signes visibles date, comme nous venons de le dire, de la plus haute antiquité, et paraît même avoir précédé l'invention de l'écriture. Tout nous porte à croire que dans l'enfance des peuples qui nous sont plus ou moins connus, les idées se transmettaient par des signaux, par les mouvements du corps, par des gestes, comme le font encore aujourd'hui les enfants avant de parler. Des faits nombreux démontrent que cette pratique était admise chez les anciens. Ovide dit quelque part : « Je dirai des mots sans ouvrir la bouche..... Tu liras les mots sur mes doigts..... La bouche est muette, mais d'autres moyens permettent que nous puissions échanger nos pensées. » Les Latins exprimaient à l'aide de la main gauche les nombres au-dessous de cent, et tous ceux au-dessus de mille par les doigts de la main droite. Juvénal et d'autres poëtes font souvent allusion à cet usage. Piérius, nous a conservé leur méthode de compter de un à neuf mille. Scott, dans sa *Stéganographie*, donne leur alphabet arthrologique, ou par gestes, en latin et en allemand. Falconner, dans sa *Cryptomenis patefacta*, et Wilkins, dans son *Mercure*, le donnent aussi en latin et en anglais.

Pour faire servir à la correspondance cet art de discourir par gestes, Scott a formé un alphabet différent de l'alphabet généralement usité, et sous Charles II, roi d'Angleterre, George Dalgarme, dans son *Didascophalus*, donne un caractère universel et une langue philosophique à l'usage de toutes les nations. On avait longtemps avant cette époque adopté des signes de communication particuliers, dont quelques-uns même pouvaient servir pendant la nuit, au moyen de signaux lumineux. Les Chinois et les Persans se servent, pour cet objet, de feux allumés de distance en distance sur des lieux élevés. Diodore de Sicile dit que Médée et Jason usèrent de cet artifice; ce qui fait remonter cet usage à plus de trois mille ans avant nous. Pline en attribue la découverte à Sinon, pendant la guerre de Troie. Eschyle dit qu'Agamemnon employa des signaux de feux pour informer Clytemnestre de la prise de Troie.

Le sieur Guillet de la Guilletière, dans sa *Lacédémone ancienne et moderne*, attribue aux Lacédémoniens l'invention des caractères secrets, et trouve dans leurs scytales la preuve de son assertion. Plutarque a décrit les scytales employées à Athènes et à Sparte du temps d'Alcibiade, de Pharnabaze et de Lysandre; mais il ne donne pas cette invention comme nouvelle: c'est à tort que quelques auteurs l'ont attribuée à Archimède, qui vivait deux cents ans plus tard. Jules-César et Auguste, dans leur correspondance secrète, se contentaient de transposer les lettres de l'alphabet. Cette manière de transposer ainsi les lettres de l'alphabet était encore commune aux Carthaginois, aux Grecs, aux Syracusains; les Gaulois, les Saxons et les Normands inventèrent, pour le même objet, des caractères nouveaux et très-capricieux, qui ont été recueillis dans les ouvrages de *Trithème*, du duc de Sélénus et des autres polygraphes du quinzième et du seizième siècle. Ils nous ont aussi conservé ceux d'Alfred Ier, roi d'Angleterre, et ceux qu'avaient adoptés Charlemagne et ses agents. Enfin les Irlandais usaient des chiffres particuliers appelés *oghams*, qui pouvaient, en outre, être appliqués à la sténographie.

Ce n'est pas seulement au moyen de signes ou de chiffres que l'on a imaginé de correspondre au loin ; mais aussi par des bouquets composés de diverses fleurs, par des papiers de différentes couleurs, par un collier, un bracelet, une bourse, etc., soit de perles, soit de toute autre matière dont les couleurs combinées offrent un sens ; par des rubans et par des nœuds, par des aspérités sur une surface, ou des trous imperceptibles, mais sensibles au toucher ; avec une lanterne la nuit, par le son d'un tambour, d'un canon, d'un instrument de musique ; enfin par l'odorat et par le goût. Nous croyons devoir nous dispenser de parler de tous ces moyens de correspondre en secret, pour ne pas trop nous écarter du but que nous voulons atteindre, et pour ne pas rendre trop volumineux cet ouvrage.

La méthode que nous allons démontrer est applicable à toutes les langues ; c'est sur la langue française spécialement que nous commencerons par faire l'application de ses principes ; nous l'expliquerons ensuite pour les autres langues. Je prie donc mes lecteurs de vouloir bien fixer leur attention sur les procédés que nous allons développer.

LANGUE FRANÇAISE.

CHAPITRE PREMIER.

Avant de se livrer à aucune recherche, le déchiffreur doit avoir l'esprit entièrement libre de toute préoccupation étrangère, et se munir d'une patience à toute épreuve pour recommencer toutes les fois qu'il se trompe.

§ Ier.

Lorsqu'on se propose de traduire ou déchiffrer une écriture tracée au moyen de chiffres ou caractères imaginaires, il faudra chercher avant tout la lettre E, comme étant, celle-ci, la plus usitée dans cette langue. Nous avons trois moyens pour la trouver, savoir :

1° Le chiffre qui sera le plus souvent reproduit dans le corps d'une écriture sera généralement un E.

2° Celui qui sera le plus souvent répété parmi les bigrammes ou mots de deux lettres sera pareillement un E.

En effet, dans la plus grande partie des bigrammes français, tels que *ce*, *de*, *en*, *es*, *et*, *eu*, *ex*, *je*, *le*, *me*, *ne*, *se*, *te*, se trouve employé un E, il est donc difficile de ne pas reconnaître cette lettre dans le même chiffre que l'on voit employé en différents bigrammes.

3° La lettre E étant la seule qui puisse être doublée à la fin des mots, lorsque nous verrons deux mêmes chiffres à la fin d'un mot, ces chiffres seront toujours des E, à l'exception de quelques noms propres appartenant à des langues étrangères, qui finissent par un redoublement en consonnes, ou en d'autres voyelles; mais que l'on rencontre fort rarement dans la langue française, tels que :

Bonn, *ville de Prusse sur les bords du Rhin* ;

Waterloo, *village connu de la Belgique* ;

Pogreboff, *nom propre d'homme*, etc.

§ II.

DES MONOGRAMMES.

Un mot d'une lettre, s'il n'est pas apostrophé, sera toujours une voyelle; cette voyelle sera de préférence un A, étant le plus usité des monogrammes, quelquefois un Y, et très-rarement l'O, interjection. Si deux monogrammes se suivent, un sera A, l'autre Y, *et vice versâ*, comme : *Il y a, on y a, à y donner*, etc.

§ III.

DES BIGRAMMES OU MOTS DE DEUX LETTRES.

Si dans un mot de deux chiffres le premier est un E, le deuxième sera nécessairement un T ou N, et quelquefois U, X ou S, pour faire *et, en, es, eu, ex;* on s'apercevra qu'il est un T quand on le verra plus souvent reproduit à la fin des mots.

Quand on a trouvé l'E, si dans un bigramme le premier chiffre est L, le deuxième sera A et rarement U, pour faire *la, lu.*

Si le premier chiffre est un I, le second sera toujours L, pour faire : *il.*

S'il est un A, le deuxième sera I, N, S, U ou Y, pour faire : *ai*, *an*, *as*, *au*, *ay*.

S'il est un O, le second sera N, R, U et quelquefois S ou H, pour faire *on*, *or*, *ou*, *os* et *oh!*

Si le premier est un N, le deuxième sera I ou U, pour *ni*, *nu*.

Et finalement, si le premier chiffre est U, le deuxième sera toujours N pour avoir *un*.

Et vice versâ; si le second chiffre d'un bigramme est un A, le premier sera Ç, D, F, J, L, M, S, T ou V.

Si c'est un I, le premier sera A, C, F, M, N ou S.

S'il est L, le premier sera toujours I.

S'il est un E, le premier sera C, D, J, L, M, N, S ou T.

S'il est un O, le premier chiffre ne pourra être qu'un H.

S'il est un U, le premier sera D, L, N, O, R, S, T ou V.

S'il est un N, le premier sera A, O ou U.

S'il est R, le prèmier toujours O.

Et s'il est S, T ou X, le premier sera E.

Mais pour meilleur éclaircissement encore, voici tous les bigrammes, que chacun pourra comparer au besoin :

Ah! ai, an, as, au, aï, ça, da, fa, ja, la, ma, sa, ta, va.

Ce, de, eh! en, es, et, eu, ex, je, le, me, ne, se, te.

Ai, ci, fi, il, mi, ni, si.

Oh! oh, on, or, os, ou.

Bu, by, du, nu, ru, tu, us, lu, ou, pu, sù, un et *vu.*

Les plus usités de tous ces bigrammes sont : *ce, de, et, le, la, se, si.*

Si l'on rencontre deux bigrammes qui se suivent, dont le deuxième chiffre du premier mot soit pareil au premier chiffre dû second mot, ce sera : *il le, en ne, on ne, un nu,* ou *et te.*

Deux mêmes bigrammes qui se suivent seront toujours *en en.*

§ IV.

DES TRIGRAMMES OU MOTS DE TROIS LETTRES.

Lorsque dans un mot de trois lettres la première est un E, le mot sera ordinairement *est*, et quelquefois *eux*, *eau*, *écu*, *ému*, *épi*, *élu* ou *ers* ; mais il faut retenir que le mot *est* se reproduit, non-seulement plus que les autres trigrammes, mais qu'on le rencontre assez souvent.

Si l'E est le deuxième chiffre, le mot sera communément : *cet*, *des*, *les* ou *mes*, *tes*, etc.

Si cette lettre est finale, le trigramme sera généralement *que* ou *une*.

Pour tous les autres trigrammes, voir le détail dans le chapitre suivant.

Si l'avant-dernier chiffre d'un mot est un E, et que le dernier chiffre du même mot soit égal au chiffre final du trigramme qui le précède, cela veut probablement dire qu'on parle au pluriel, et les deux chiffres finaux seraient, dans ce cas, des S.

§ V.

QUELQUES RÈGLES GÉNÉRALES.

Il n'y a pas de mots de deux lettres ou plus sans voyelles.

Le Q est toujours suivi de l'U.

L'H est toujours précédé du C, et quelquefois du P ou du T, comme dans les mots :

Manche, *fraîche*, *charade*.
Alphabet, *philosophe*, *calligraphie*.
Antipathie, *sympathie*, *zoolathe*, etc.

Si, ayant trouvé l'E, nous remarquons plusieurs mots qui se suivent ayant la désinence par le même chiffre, ces chiffres finaux seront ordinairement des S.

Lorsque les chiffres dernier et troisième avant-dernier d'un mot sont des E, l'avant-dernier sera ordinairement un C ou un T, et celui qui le précède sera un N, comme dans *prudence*, *indifférence*, *vente*, *régente*, etc. Peu de mots seulement, tels que *cèdre*, *genre*, *prêtre*, etc., doivent s'excepter de cette règle.

Deux mêmes mots composés de quatre lettres, qui se suivent, seront : *nous nous* ou *vous vous ;* si les deux mots sont de cinq lettres, ce sera : *faire faire.*

§ VI.

DES APOSTROPHES.

La lettre qui suit l'apostrophe est toujours une voyelle ; ainsi, si nous en avons déjà trouvé trois ou quatre, celle qui suit l'apostrophe sera celle ou une de celles qui nous manqueront.

Si l'apostrophe est suivi d'un bigramme, le mot sera un des suivants : *l'an*, *j'en*, *l'en*, *l'es*, *m'en*, *n'en*, *s'en*, *t'en*, *l'ex*, *s'il*, *d'or*, *l'on*, *l'or*, *d'os.*

Si l'apostrophe est dans un mot de deux chiffres, et que le mot qui le suit soit aussi de deux chiffres, ce sera ordinairement : *qu'an, qu'en, qu'il, qu'on, qu'or*, ou *qu'un*; mais dans tous les cas, on commencera par savoir que les deux chiffres apostrophés seront toujours et sans exception : Q U'.

CHAPITRE DEUXIÈME.

Comme c'est sur les petits mots spécialement qu'il faut commencer par exercer notre savoir-faire, j'ai épuisé tous ceux qui peuvent nous faciliter la prompte traduction des écritures qui forment l'objet de cette première partie; nous ferons connaître à la suite tous les autres mots qui, par leur construction particulière, pourraient nous embarrasser, lorsqu'on les rencontre.

§ 1er.

TRIGRAMMES PLUS USITÉS.

Cet	Ils	Mes	Nos	Soi	Toi
Des	Les	Moi	Que	Son	Ton
Est	Lui	Mon	Qui	Tes	Vos

TRIGRAMMES QUI ONT LA PREMIÈRE LETTRE ÉGALE A LA TROISIÈME.

Aga	Ara	Ere	Ici	Ses	Sos	Têt
Ana	Ebé	Eté	Non	Sis	Sus	Tôt

Le mot *bée* est le seul où se trouvent deux E.

§ II.

Mots plus usités de quatre lettres,

QUI ONT LA PREMIÈRE ÉGALE A LA TROISIÈME.

Abas	Aval	Gage	Tâté
Amas	Ceci	Rare	Têtu
Aras	Êtes	Rire	Vive

QUI ONT LA PREMIÈRE LETTRE ÉGALE A LA QUATRIÈME.

Choc	Nain	Sois	Tant
Être	Ruer	Sous	Toit
Fief	Sais	Suis	Tort
Grog	Sans	Tact	Tout
Irai	Sens	Tait	Trot

QUI ONT UN REDOUBLEMENT MÉDIAL.

Abbé	Ammi	Baal	Inné	Ossu
Allé	Anne	Edda	Issu	Réel

QUI ONT LA DEUXIÈME LETTRE ÉGALE A LA QUATRIÈME.

Aéré	Gala	Mené	Semé
Anon	Gelé	Mère	Séné
Bête	Gêne	Midi	Séve
Cène	Géré	Pelé	Sexe
État	Jeté	Pêne	Solo
Fête	Lèse	Père	Vené
Feue	Levé	Pesé	Vexé
Fève	Loto	Rêne	Zélé
Fini	Mêlé	Rêve	

QUI, OUTRE UN REDOUBLEMENT MÉDIAL, ONT ENCORE LA PREMIÈRE LETTRE ET LA QUATRIÈME ÉGALES.

Assa	Elle	Erre	Esse	Inni	Réer

QUI ONT UN REDOUBLEMENT FINAL.

Idée	Nuée	Ruée	Suée	Tuée

QUI SONT COMPOSÉS DE DEUX MÊMES SYLLABES.

Coco	Dodo	Mama	Papa
Dada	Fêfé	Même	Tête

§ III.

Mots plus usités de cinq lettres,

QUI EN ONT TROIS DE LA MÊME VALEUR.

Avala	Ébène	Élève	Épelé	Étêté

QUI EN ONT TROIS ÉGALES, Y COMPRIS UN REDOUBLEMENT.

Assis	Errer	Lille	Nanna	Nenni	Nonne

QUI ONT UN REDOUBLEMENT ENTRE DEUX MÊMES LETTRES.

Allan	Belle	Créer	Ferré	Nette	Serre
Annal	Bette	Dette	Fesse	Pelle	Telle
Appas	Celle	Effet	Gemme	Penne	Terre
Appât	Cesse	Elles	Gréer	Selle	Verre
Arras	Cette	Femme	Messe	Senne	Vesse

QUI ONT DEUX MÊMES LETTRES QUI SE RÉPÈTENT.

Aérer	Échec	Papal	Sésie	Texte
Cacao	Maman	Sensé	Teter	Verve

Trois mots seulement ont deux redoublements, savoir :

Allée	Année	Innée

§ IV.

Mots plus usités de six lettres,

QUI EN ONT TROIS DE LA MÊME VALEUR.

Alcala	Dételé	Évêque	Malaga	Relevé
Ananas	Élégie	Éventé	Mécène	Repère
Avança	Élever	Excédé	Nankin	Répété
Canada	Enlevé	Exercé	Recélé	Révéré
Décédé	Entêté	Genève	Référé	Statut
Décelé	Épeler	Hébété	Rejeté	Sursis
Déféré	Espèce	Hétêté	Relevé	Tantôt
Démêlé	Espéré	Infini	Remède	Végété
Démené	Évêché	Malaca	Remêlé	Vénéré

Nous faisons remarquer que, dans ces mots, les trois lettres égales sont ordinairement des A ou des E.

MOTS QUI ONT TROIS LETTRES ÉGALES, Y COMPRIS UN REDOUBLEMEET.

Accroc	Carrer	Ferrer	Narrer	Suisse
Assise	Cassis	Fesses	Passés	Tasses
Barrer	Dessus	Fieffé	Sasser	Terrir
Basses	Erreur	Messes	Serrer	Tissus

Les mots *amassa*, *amarra*, *emmené*, sont les seuls qui ont trois mêmes lettres et un redoublement.

MÊMES MOTS QUI ONT DEUX REDOUBLEMENTS.

Allées	Années	Déesse	Innées	Réelle	Vallée

§ V.

Mots plus usités de sept lettres,

QUI EN ONT TROIS DE LA MÊME VALEUR.

Agaçant	Dépêche	Évêchés	Prélevé	Réserve
Avalant	Déréglé	Évêques	Recéler	Retenue
Bacalas	Dételer	Excéder	Refermé	Révéler
Catalan	Élégies	Exemple.	Référer	Rêverie
Célèbre	Élément	Exercer	Régence	Secrète
Céleste	Élevure	Fenêtre	Régente	Sereine
Décéder	Empeser	Gagnage	Rejeter	Statuts
Déceler	Enlever	Hébéter	Relever	Suspens
Décerné	Entêter	Incivil	Remèdes	Tempête
Déférer	Éventer	Indivis	Repeser	Tentant
Délégué	Espèces	Pénétré	Répéter	Végéter
Démêler	Espérer	Préféré	Requête	Vénerie

QUI ONT TROIS MÊMES LETTRES Y COMPRIS UN REDOUBLEMENT.

Annonce	Arriver	Attente	Celulle	Raccroc
Apennin	Arroser	Attrait	Erreurs	Session
Arrêter	Assisté	Battant	Nourrir	Sonnant
Arrière	Atteint	Bossues	Presses	Trotter

QUI ONT TROIS LETTRES ÉGALES ET UN REDOUBLEMENT.

Apparat Essence Évcillé Recette Rénette Vedette

Les mots *exégèse* et *suisses* sont les seuls composés de sept lettres qui en aient quatre de la même valeur : ces deux mots sont faciles à distinguer l'un de l'autre, à cause de leur formation différente.

MOTS QUI ONT DEUX REDOUBLEMENTS.

Alliées Assommé Atterré Déesses Réelles Vallées

§ VI.

Mots plus usités de huit lettres,

QUI EN ONT QUATRE DE LA MÊME VALEUR.

Alliées Dégénéré Inimitié Réferrer Régénéré

MÊMES MOTS QUI ONT DEUX REDOUBLEMENTS.

Accessit	Bassette	Carrosse	Illettré	Sonnette
Assiette	Bouffées	Cassette	Mallette	Terrasse
Assommer	Bourrées	Dessellé	Marronné	Tonnelle
Atterrer	Cannelle	Desserré	Mollesse	Tonnerre

§ VII.

Description de tous les autres mots, généralement, qui pourraient nous embarrasser lorsqu'on les rencontre, et quelques remarques sur ces mêmes mots.

Toutes les fois que nous trouverons deux mêmes redoublements dans un seul mot, ces redoublements seront toujours en S, et le mot sera l'un des suivants :

Assassinat	Assoupissement	Possesseur
Assassin	Assouvissement	Possession
Assassiner	Bassesse	Possessoire
Assainissement	Épaississement	Ressasser
Assesseur	Grossesse	Ressasseur
Assoupissant	Grossissement	Suissesse

Ou un de leurs dérivés.

Le mot *intellectuelle* fait exception à cette règle.

MOTS D'UN NOMBRE INDÉFINI DE LETTRES, COMPOSÉS DE DEUX MÊMES SYLLABES.

Bonbon	Cancan	Chercher	Coucou	Joujou

Les mots *cherche* et *quelque*, uniques dans leur construction, sont faciles à remarquer pour avoir la première lettre égale à la cinquième, la deuxième à la sixième et la troisième à la septième.

AUTRES MOTS ASSORTIS DE FORMATION PARTICULIÈRE.

Barbare	Barbarisme	Rechercher	Quelques
Barbarie	Recherche	Resserrer	Tartare

Le mot *Mississipi* mérite aussi d'être remarqué.

Les redoublements médiaux en voyelles sont très-rares dans la langue française; ces redoublements ne sont ordinairement qu'en E ou en O. Voici les plus usités :

MOTS QUI ONT UN REDOUBLEMENT MÉDIAL EN E.

Agréer	Féeric	Préexistence	Réélection
Créer	Gréer	Préexister	Réédition
Dégréement	Nauséer	Réédification	Réélire
Dégréer	Prééminence	Récréer	Réélu
Européen	Prééminent	Réédifier	Réellement
Européenne	Préétablir	Rééditeur	Spleen

Et tous leurs dérivants.

MOTS QUI ONT UN REDOUBLEMENT MEDIAL EN O.

Coobliger	Épizootie	Zoolithe	Zoonique
Coopération	Épizootique	Zoologie	Zoonomie
Coopérateur	Groom	Zoologique	Zoophage
Coopératrice	Sloop	Zoographie	Zoophore
Coopérer	Zoolâtre	Zoologiste	Zoophyte
Coopter	Zoolatrie	Zoologue	Zoophytologie
Coordonner	Zoolathe	Zoonate	Zootomie

Et leurs dérivants.

Ils est quelques mots qui, en parlant au féminin, se trouvent avoir trois E finaux au singulier, et médiaux au pluriel, comme :

Agréée Gréée Nauséée Récréée Suppléées, etc.

Et quelques autres moins usités.

Quand nous trouverons deux mêmes mots de trois chiffres qui se suivent, et qu'entre ces deux mots il y aura un chiffre isolé, ce sera :

Dix-à-dix	Gré-à-gré	Peu-à-peu	Vin-à-vin
Feu-à-feu	Mot-à-mot	Six-à-six	Vis-à-vis

Et quelques autres peu usités.

Le mot le plus long de la langue française est :

Anticonstitutionnellement (1)

§ VII.

Il s'agit maintenant de savoir bien appliquer les règles que nous venons d'exposer, au sens que nous croirons le plus juste, et à mesure que nous trouverons la valeur d'un chiffre, nous devrons placer au-dessus de tous ceux de la même forme la lettre qui leur correspond, laquelle nous aidera à en découvrir d'autres. Pour retrouver la valeur

(1) Nous avons, en chimie organique, des mots de 95 lettres.

réelle d'un mot, lorsqu'il ne manquera plus qu'une seule lettre, il faudra parcourir attentivement toutes celles de l'alphabet qui nous resteront encore à trouver, et en les comparant, l'une après l'autre, à l'endroit où elle manque, nous ne tarderons pas à en trouver le sens. Un exemple fera mieux connaître cette opération ; savoir :

Si dans le mot composé des chiffres † 8 ! || 7 ⌒ —,

c o m   i e n
nous avions trouvé les lettres † 8 ! || 7 ⌒ — ; en parcourant l'alphabet, nous verrions très-aisément que le quatrième chiffre ||, représente un B, et le mot serait *combien*. En suivant cette marche, nous viendrons à bout de déchiffrer avec toute facilité une écriture tracée, même par les signes le plus capricieux.

---

celle d'un mot, lorsqu'il ne manquera plus qu'une seule lettre, il suffira parcourir attentivement toutes celles de l'alphabet qui nous resteront encore à trouver, et en les comparant l'une après l'autre à l'endroit où elle manque, nous ne tarderons pas à en trouver le sens. Un exemple fera mieux connaître cette opération; savoir :

Si dans le mot composé des chiffres ‡ 8 ! ¶ ? — — nous avions trouvé les lettres c o m [illegible] i e n en parcourant l'alphabet, nous verrons aisément que le quatrième chiffre ¶ représente un b, et le mot serait combien. En suivant cette marche, nous viendrons à bout de déchiffrer avec toute facilité une écriture tracée, même par les signes les plus capricieux.

CHAPITRE TROISIÈME.

Maintenant, quoique nous pensions avoir démontré par des règles aussi simples que positives les principes de cette science, nous en ferons l'application sur quelques missives secrètes.

Méthode dont se servait Jules-César pour assurer le secret de sa correspondance, c'est-à-dire, en intervertissant les lettres de l'alphabet ordinaire, ou en remplaçant les lettres de la missive réelle par d'autres signes convenus. Exemple :

PREMIÈRE MISSIVE.

A v l n p k	ſ y	g l d p	o p	q v p f c d
1	2	3	4	5

d ſ c	g z e c p	q p y p e c p	p e	y z ſ d
6	7	8	9	10

d l ſ c z y d	b ſ ' t v	p d e	e p x a d
11	12	13	14

o p	y z ſ d	x p e e c p	p y	g z m l h p.
15	16	17	18	19

a b c d e f g h i j k l m n o p q r s t u v x y z

Avant de commencer la traduction d'une écriture en chiffres, il est important que le déchiffreur en tire, pour la première fois, une copie à part; et qu'il en dessine dans le bas l'alphabet, comme nous venons de le faire, pour le parcourir avec plus de facilité, et pour y effacer les lettres à mesure qu'il les découvre.

Nous voyons, dans cette première missive, que le *p* est la plus répétée des lettres ; en effet, elle s'y trouve quinze fois. C'est alors très-probablement un E, et cette hypothèse est d'autant plus fondée, que nous voyons le *p* employé dans les bigrammes *op*, *pe*, *py*. Nous voyons que dans ce
4 9 18
dernier mot, après le *p* se trouve un *y;* en retenant que le *p* représente un E, l'*y*, d'après ce que nous avons signalé, serait un T ou un N; mais si nous lui appliquons la valeur du T, nous ne tarderons pas à nous apercevoir que nous sommes dans l'erreur, car cette même lettre se trouve encore la deuxième dans le mot *fy*, et en français nous n'avons, parmi les bigrammes, que le mot *et* qui finit par un T; par conséquent, l'*y* sera nécessairement un N, parce qu'il se reproduit deux fois final dans deux bigrammes différents. Marquons ainsi un N au-dessus de tous les *y*, conformément à ce que nous avons dit ailleurs. Ensuite, comme nous devons saisir le premier mot qui nous présente le plus de facilité pour être connu, nous prendrons
e
le mot *p d e* : nous avons remarqué, dans les trigrammes,
13
que le mot *est* se trouve le plus usité parmi ceux qui commencent par un E. Nous serons encore plus persuadés que le mot ci-dessus représente *est*, lorsque nous aurons comparé ce mot au bigramme *pe*. Ainsi marquons encore ces
9

lettres à leur place. Or, la lettre *f* au deuxième mot ne peut être qu'un U, par la raison que ce même chiffre est le deuxième au mot b f ' t v, où les deux premiers chiffres
12
doivent être *qu'* (chap. 1er, § 6). Ayant marqué ces lettres nouvellement découvertes, nous verrons que dans le mot
s u
d f c il ne reste plus qu'à trouver la valeur du C; en mesurant à sa place, l'une après l'autre, les lettres de l'alphabet qui nous restent encore à découvrir, nous obtiendrons, à
n u s
l'aide de R, le mot *sur*. Dans le mot *y z f d*, où il ne man-
10
que plus que la valeur du deuxième chiffre, en faisant la même opération nous aurons, à l'aide de l'O, le mot *nous*. Cherchons maintenant ce que signifie *l*, dans le mot
s u r o n s
d l f c z y d; nous trouverons qu'elle représente A, et
11
ainsi le mot sera *saurons*. Dans le huitième mot, la première lettre *q* représente F, et le mot est *fenêtre*. Ainsi de suite, jusqu'à ce que nous ayons trouvé la valeur de toutes les lettres, et nous aurons pour résultat la traduction suivante de la missive :

Placez un vase de fleurs sur votre fenêtre et nous saurons qu'il est temps de nous mettre en voyage.

Il est possible que quelquefois, en parcourant les lettres de l'alphabet, nous trouvions des mots analogues ; dans ce cas le sens de la phrase nous aidera à connaître la valeur que nous devons leur appliquer.

DEUXIÈME MISSIVE.

Dans cette missive, nous ne donnerons plus des explications aussi détaillées que dans la précédente, car une seule de ces démonstrations doit suffire pour nous en faire connaître la marche; nous nous bornerons simplement à indiquer tous les mots qu'il faudra prendre progressivement pour chercher à découvrir. Nous observerons même un silence complet dans les autres missives, pour laisser au déchiffreur l'agréable occasion de mettre en exercice son intelligence et sa capacité.

La traduction de toutes ces autres missives en chiffres se trouvera au dernier chapitre de cette première partie du livre, afin que chacun puisse les comparer aux siennes, et se rendre, par là, compte de l'exactitude de son travail.

? v p n	n v ! ! 2 n	b v p n	o 2 n v 8 2 n	o 2
1	2	3	4	5

8 1	: 2 b d 2	o v ? b	? v p n	q 2 ? v ? n
6	7	8	9	10

o ' 2 b d 2	X d 1 : : 2 n .	? v b d 2	+ 1 : 5 b 1 5 ? 2
11	12	13	14

2 n b	b v ! y 2	q 5 + h 5 ! 2	o 2	n 1	y d 1-
15	16	17	18	19	

q v p d 2	1	8 1	d 2 o v p b 2	o p	? v d o
20	21	22	23	24	25

4 2	8 2	d 2 ! : 8 1 + 2	1 p	+ v ! ! 1 ?-
26	27	28	29	30

o 2 ! 2 ? b	o 2	8 1	y 1 b b 2 d 5 2 .
	31	32	33

Ici, nous commencerons par chercher l'E, que nous trouverons facilement dans les bigrammes et dans les lettres finales. Ensuite nous chercherons et nous aurons la valeur :

1° du mot 21^{e}.
2° des mots 11^{e}, 15^{e} et 19^{e}.
3° du mot 7^{e}.
4° du mot 12^{e}.
5° des mots 5^{e}, 18^{e} et 31^{e}.
6° des mots 24^{e} et 29^{e}.
7° des mots 3^{e} et 23^{e}.
8° des mots 1re, 2^{e}, 4^{e}, 6^{e}, 8^{e}, 9^{e}, 13^{e}, 22^{e}, 25^{e}, 27^{e} et 32^{e}.
9° des mots 10^{e}, 16^{e}, 20^{e}, 28^{e} et 30^{e}.

Et en dernier lieu, des mots 14^{e}, 17^{e}, 26^{e} et 33^{e}, qui finiront par nous donner la traduction parfaite de la missive.

TROISIÈME MISSIVE.

4 6 9   d m z z s p 3 9   5 8 h 8 y h z m 2 d 9

x s 9 6 h   o 9   z 9 2 8 6 0 z 9   3 ' 9 r r z m s   9 h

3 8   h 9 z z 9 4 z   0 8 6 h   h m 4 h   3 9   5 8 g 2;

3 8   2 m 4 o z s 9 z 9   Y 8 s 6 h   8 6 0 z 9   6 9

38syy9 234y 829z59xmsz 149 y9y
hz859y; 39 53m5d9z 96 y'95zm-
4386h 8 95z8y9 39 5mz2 09
18z09; 39y xs5hsg9y ym6h 5m6-
ys09z8p39y.

QUATRIÈME MISSIVE.

E'mq hmvvo ſm gxqj og hmj-
itxqſſo, no smjqg tg s'm nts-
smgbo bo ntikoo, e'miiqko eo
vxqv bo pmibo, eo g'mq hmv
fo joshv bo smgpoi sm vtxho',
tg amj htxi f'qgvhonjqtg, tg so
jitxko smſ hithio, e'qimq mx
nmndtj og bovnogbmgj; ktqſmfm
kqo 'doxioxvo bx vtfbmj.

CINQUIÈME MISSIVE.

Zikqjn vojl pcaqjpzp ojk ojlpc uqdck scaqppcnmqksokac, tjz tjc kbjn ohqkn nozklckokl, aop zi hzckl sc mopozlpc jk qjhpoec zklzljic, io apdmlqepomyzc Sch-qzicc, mop Ayopicn Vpokaqzn Hcnzk, tjz ucl o ucuc sc sca-yzvvpcplqjlcn icn capzljpcn sc aqkhcklzqk; qk ic szl jk qjhpoec vdpl zklcpcnnokl.

Nous croyons bien de faire observer ici, que, quoique là lettre E soit la plus communément employée dans presque toutes les langues, cela n'impose pas l'obligation de commencer toujours par la recherche de cette lettre. En bien examinant, nous trouverons toujours dans une écriture en chiffres plusieurs moyens qui pourront nous mettre sur la voie de la découverte, et pour donner un exemple à cette assertion, voici des faits qui me sont personnels, et qui ne laisseront aucun doute dans l'esprit de mes lecteurs. Me trouvant un jour de passage à Lille, je fis la rencontre, dans une société, d'un de nos littérateurs les plus distingués, qui, espérant trouver les limites de ma capacité dans l'art de déchiffrer, crut m'embarrasser en me donnant à traduire une phrase où pas un seul E n'était employé, sans toutefois m'instruire de la ruse qu'il avait employée. Je m'étais à peine donné le temps de l'examiner que je la lui rendis avec cette traduction :

La coalition n'aurait fait aucun mal dans un pays sans ambition.

Il revint à peine de sa surprise, et voulut bien me complimenter sur mon heureuse découverte.

C'était justement à l'époque de cette fameuse coalition qui entraîna la dissolution des Chambres en France.

C'est aussi dans cette ville qu'ayant fait la connaissance de M. Le Glay, archiviste général du département du Nord, homme d'un grand mérite sous beaucoup de rapports, je crus m'apercevoir un jour, dans notre conversation, à propos de la *Cryptographie dévoilée*, qu'il aurait désiré apprécier les résultats de cette science, qui l'intéressait au plus haut degré ; je me rendis à son désir et le sollicitai de vouloir bien me soumettre une de ces écritures gothiques très-abondantes dans ces archives, qui sont, après celles de Paris, les plus considérables de la France, et les plus riches en parchemins et vieux manuscrits. Il me présenta une charte écrite en vrais hiéroglyphes, où on avait adopté plusieurs signes pour exprimer la même lettre, en employant tantôt l'un et tantôt l'autre de ces signes, et, ce qui était encore plus singulier, c'est que cette écriture ne laissait apercevoir aucune trace de séparation de mots. M. Le Glay me demanda si, par les moyens que je possédais, j'étais à même de donner une traduction de cette écriture. A dire la vérité, après avoir bien examiné ce chef-d'œuvre, où on avait quelquefois de la peine à distinguer les signes tracés d'une manière si bizarre, et où des lignes entières avaient fini par disparaître presque entièrement par la longueur du temps, j'hésitais un peu à répondre; mais M. Le Glay, qui n'exigeait pas l'impossible de moi, et qui savait très-bien qu'on n'aurait pu en reconnaître le sens qu'après une étude sérieuse, ajouta que j'en ferais l'essai à mon aise, mais qu'il lui semblait impossible de pouvoir le déchiffrer sans en connaître la clef. Je souris de son incrédulité et me mis en devoir de copier de ces caractères mystérieux la partie qui s'offrait la plus intelligible, et le soir même, après trois heures d'un travail opiniâtre, j'acquis une preuve nouvelle qu'il n'y a de secret impénétrable que ne puisse surprendre la patience exercée d'un déchiffreur habile.

Le lendemain, j'allai voir M. l'archiviste général, lequel, après avoir fait constater par son fils, qui remplissait la charge de secrétaire, la traduction exacte de cette pièce, par la confrontation des alphabets qui existaient aux archives, fut enchanté de pouvoir m'en témoigner sa plus grande satisfaction. M. Le Glay, après en avoir certifié la traduction fidèle, au bas d'une copie en parchemin que je conserve toujours auprès de moi, voulut encore m'en rendre un témoignage public : il inséra un article d'éloges dans le journal le plus répandu de la ville, à l'occasion d'une séance publique et gratuite que j'avais donnée dans le seul but de me faire connaître. Nous reproduisons ces pièces comme objets de simple curiosité pour les lecteurs que mon ouvrage pourra intéresser. Je regrette seulement de ne pas pouvoir donner textuellement la copie des hiéroglyphes qui composaient ce curieux document historique; mais j'ai tâché de les imiter, autant que l'exécution typographique a pu me le permettre.

ARCHIVES GÉNÉRALES DU DÉPARTEMENT DU NORD.

SECTION : HISTOIRE.

. . . . β γ ζ δ η θ μ 8 ρ σ τ β φ χ ψ

ω χ λ k τ π *a* ε *z* μ β + π ✕ σ η ∓ + χ φ ∨ γ

∓ χ π τ ∓ λ ∧ θ μ τ k Δ ψ ε ζ σ *z* ∨ δ ± τ λ π

— ± θ ∓ 8 β k — η ζ 8 φ | + χ + ∨ φ β λ τ ω

k π θ β ≥ ∨ τ π ± Λ χ 8 *z* ρ ω + χ . . . .

β ψ ε ∨ Λ Δ k — ∧ γ 8 η — ∓ ρ σ + ∨ θ ε —

η ∨ σ ± + χ ∧ φ k θ ≥ γ = ∧ Λ μ | φ ψ σ Δ

ε τ π | τ ∓ — 8 k θ χ γ ± ζ 8 Δ φ k θ τ 8 Λ ω

a ε θ χ | + π + ∨ τ β λ θ σ k π χ φ k Λ ± 8 ω

∓ ‖ ψ η λ | — μ 8 ∨ τ χ ‖ ε ψ ζ ≥ γ *z* π . . . .

TRADUCTION.

.... convient que ces austres princes qui ne se loissent mener par Nuilviet, soient crointe des électeurs ecclésiastiques.................. car la promotion que le roi, lui-mesme, recommande auprès de notre saint-père, et auprès des électeurs, seroit un fait dont les François..........

Nous en donnons l'alphabet, lequel pourra servir de guide au lecteur.

ALPHABET.

a	*c*	*d*	*e*	*f*	*i*	*l*	*m*	*n*	*o*
ψ	β	|	θ	||	η	V	Λ	ζ	γ
Λ	⋋		φ		z		=	μ	—
			τ		±			∓	
	•		+						

p	*q*	*r*	*s*	*t*	*u*	*v*	*ss*	*rr*
Δ	ρ	ε	χ	λ	σ	δ	Σ	Ξ
a	×	k	π	8	ω			

Le soussigné, archiviste général du département du Nord, certifie que les cinq lignes ci-dessus, écrites en signes ou caractères cryptographiques, sont extraites fidèlement et textuellement d'une lettre autographe écrite à

Achembourg, le 13 avril 1519, par P. de Nassau à Marguerite d'Autriche, gouvernante des Pays-Bas. Il déclare, en outre, que la traduction placée immédiatement après a été faite par M. Vesin (*Charles-François*), sans l'aide des alphabets qui peuvent reposer aux Archives départementales du Nord, où se trouve la lettre précitée (*Chambre des Comptes; Portefeuilles*). Du reste il a été reconnu que ladite traduction est très-exacte.

En conséquence, le soussigné s'empresse de rendre témoignage à l'habileté de M. Vesin dans l'art qu'il professe.

Délivré à Lille, le 9 *janvier* 1839.

(*Signé*) LE GLAY.

(*Suit le timbre des Archives du département du Nord.*)

Certifié véritable par le secrétaire général de la préfecture.

Lille, 26 *février* 1839.

(*Signé*) DE CONTANCIN.

(*Suit le timbre de la Préfecture.*)

EXTRAIT

DU JOURNAL *LA FRANCE SEPTENTRIONALE*

SUPPLÉMENT AU N° 13.

OBSCURIGRAPHIE.

« Nous avons assisté jeudi soir à la séance publique et gratuite *d'Obscurigraphie* donnée par M. Vesin, son inventeur, et comme toutes les personnes qui y assistaient, nous avons été étonnés de la facilité avec laquelle ce nouvel Œdipe déchiffre, au bout de quelques minutes, les écritures en chiffres ou en caractères imaginaires. Celle-ci n'est pas la seule preuve que nous ait fournie M. Vesin de sa capacité dans l'art qu'il professe : M. Le Glay, archiviste général du département du Nord, adhérant aux sollicitations du savant professeur, lui a soumis une lettre autographe, en signes ou caractères cryptographiques, écrite à Achembourg, le 13 avril 1519, par P. de Nassau à Marguerite d'Autriche, gouvernante des Pays-Bas; eh bien! quoique cette lettre écrite en vrais hiéroglyphes ne laissât apercevoir aucun indice de mots séparés, et que chaque lettre eût été représentée par plusieurs signes différents, l'habile devin en a donné la traduction la plus exacte. C'est à la suite de ce résultat palpable, que l'archiviste général s'est empressé de délivrer à M. Vesin un témoignage de son habileté.

« Ce qui n'est pas moins singulier, c'est que M. Vesin a fait un traité de cette mystérieuse science, au moyen duquel il vous initie, par une simple et facile théorie, à un art qui peut être des plus utiles, non-seulement aux diplomates et aux militaires, mais qui offre aux archivistes, aux hommes d'affaires, aux légistes, enfin à toutes les personnes qui pourraient avoir en main des écritures anciennes, informes ou illisibles, un moyen simple, facile et sûr de les traduire exactement.

« Aussi, ne saurions-nous trop engager nos concitoyens à s'associer à l'entreprise de M. Vesin, pour répandre dans nos murs cette science admirable. »

« *Le soussigné, président de l'Académie royale des sciences et belles-lettres de Bruxelles, certifie que les documents ci-dessus sont la copie exacte des pièces que M. Vesin nous a communiquées, et desquelles nous avons pleine connaissance.* »

Bruxelles, le 7 juin 1840.

(*Signé*) B^on^ DE STASSART.

CHAPITRE QUATRIÈME.

Je ferai connaître, dans ce chapitre, différents moyens de correspondre en secret, dont se servaient nos anciens Cryptographes, et dont quelques-uns sont encore actuellement en usage.

§ I.

Dans le cas où, après avoir épuisé toute recherche, on ne serait amené à aucun résultat satisfaisant, on en conclurait qu'un autre système que celui de *Jules-César* a été employé. Celui, par exemple, des Chinois ou des Japonais, qui forment leur écriture en descendant et en remontant, en suivant les lignes verticales, au lieu d'écrire horizontalement, comme nous le faisons en Europe ; exemple, la missive suivante :

A k. f p. o f c g z p y p e. d l d. b d e. d. o p e y. g p.

v p y. d p. p d. c. e j p p. y d. f y f'. p e a p. x e p z h

l n g l j v d f c p. e c z f c z t v. p x d p. c p. m l

qui n'a pu être déchiffrée suivant la méthode de *Jules-César ;* on la rétablit dans le vrai sens, en écrivant sur des lignes horizontales, et dans cet ordre, savoir :

1° Les trois lettres de la première colonne verticale *A, v, l ;*

2° A la droite de celles-ci, les trois lettres de la deuxième colonne verticale *n p k ;* mais en allant de bas en haut, et ainsi de suite, en prenant de haut en bas les lettres des colonnes d'ordre impair, et du bas en haut celles des colonnes d'ordre pair. De cette manière la dépêche ci-dessus se formera ainsi qu'il suit :

A v l n p k f y g l d p o p j v p f c d d f c

g z e c p j p y p e c p p e y z f d d l f c z y d b f' t v p d e

e p x a d o p d p x p e e c p p y g z m l h p.

Maintenant nous n'aurons plus à opérer que sur une dépêche écrite dans le système de *Jules-César.*

§ II.

Méthode par parallélogramme.

Si l'on n'obtenait encore aucun résultat, on ferait d'autres recherches. Supposant qu'on ait employé la méthode par parallélogramme, voici une dépêche dans ce système :

I r l a e f n u s a n e r v u a s e o t g e n u a i d d s o s

o e t n s u z r z o t v o e n e o u h s d u v e v e s e u e r o

r n i n e e z.

Pour en trouver la clef, il faut écrire de nouveau cette missive, et placer :

1° La deuxième lettre *r* sous la première *I* ;

2° Descendre la quatrième lettre *a* sous *r*, et la cinquième *e* sous *l*, en laissant cette dernière sur la ligne ainsi que l'*I* ;

3° Prenons-en maintenant trois : *n*, *u*, *s* ; laissons également la lettre *f* sur la ligne, et plaçons *n* sous l'*a*, *u* sous l'*e*, et *s* sous l'*f* ;

4° Laissons également la lettre suivante *a* sur la ligne,

et descendons les quatre après : *n*, *e*, *r*, *v*, c'est-à-dire une de plus que tout à l'heure, et plaçons *n* sous l'*n*, à la première colonne verticale ; *e* sous l'*u*, à la deuxième colonne verticale ; *r* sous l'*s* à la troisième, et *v* sous l'*a* à la quatrième ;

5° Si nous continuons à descendre ainsi quatre lettres à la fois, en laissant toujours la cinquième sur la ligne, nous obtiendrons :

I l, f a u t, à, o n z e, h e u-

r e s, v o u s, t r o u v e r,

a u, r e n d e z, v o u s, o n,

n e, s e, d o u t e, d e, r i e

n, a g i s s o n s, v e n e z.

Si l'on avait employé d'autres signes particuliers au lieu de lettres, il faudrait encore ici revenir à la méthode de *Jules-César*, et déchiffrer comme je l'ai indiqué.

§ III.

Méthode SCOTT, ou, du moins, celle indiquée par lui.

Les missives secrètes n'étant pas ordinairement trop longues, un déchiffreur habile pourra plus facilement en découvrir la clef ; le moindre délié, un petit point, ou tout autre signe répété de distance en distance peut lui en fournir les moyens.

Exemple :

Je vien*s* d'obtenir u*n*e audience du *r*oi ; j'*e*spère que votr*e* grâc*e* vou*s* s*e*ra acco*r*dée ; je suis enchanté *d*'être l*e* premie*r* à vous annoncer ce*t*te heureu*s*e nou-*v*el*l*e ; fait*e*s *d*onc courage, *m*on ami, *v*ous all*e*z être rend*u* à votre épous*e* et à vos en*f*a*n*s. Ad*i*e*u* donc, mon cher ami, *j*e ne vois qu*e* le momen*t* de vous em*b*rasser.

Clef de cette missive.

1	2	3	4	5	6	7	8	9	10	11	12	13
j	e	m	s	v	a	n	u	r	o	z	t	i
14	15	16	17	18	19	20	21	22	23	24	25	
g	c	p	b	d	f	h	q	l	x	k	y	

Explication.

Le nombre de lettres non italiques qui précèdent une italique, jusque et y compris celle-ci, indique le chiffre de la clef sous lequel il faut chercher la lettre véritable. Dans cette missive il y a six lettres avant S qui forment avec celle-ci le nombre 7, sous lequel nous trouvons *n* dans le tableau de la clef. De S à y compris N, seconde italique, nous trouverons dix lettres ; nous chercherons donc la lettre qui se trouve sous le nombre 10, et comme c'est un o, nous le mettrons à côté de *n* déjà trouvé, et nous continuerons de suivre cette marche, jusqu'à ce que nous ayons trouvé la traduction suivante :

Nous sommes en danger, venez à notre secours.

Si l'on avait mis sous les numéros de la clef des signes ou d'autres caractères au lieu de lettres, on n'aurait à opérer sur ces signes que de la manière ordinaire.

§ IV.

Méthode dont se servait le comte GRONFELD pour assurer le secret de sa correspondance.

3 5 4 3 5 4 3 5 4 3 5 4 3 5 4 3 5 4 3
N i j g r h t e o f s l v y h p y h t

5 4 3 5 4 3 5 4 3 5 4 3 5 4 3 5 4 3
g h v y h p z l v p h r e v u e j g

5 4 3 5 4 3 5 4 3 5 4 3 5 4 3 5 4' 3 5
h h n e u k a l g y h r v h u u y g r

4 3 5 4 3 5 4 3 5 4 3 5 4 3 5 4 3 5 4–
i c g h n e v j e y v i y t x g g K u–

3 5 4 3 5 4 3 5 4 3 5 4 3 5 4 3 5
c y c q z l n r h u i x t s y y i

4 3 5 4 3 5 4 3 5 4 3 5 4 3
p x g y p i e c y x g v l g.

Pour déchiffrer cette missive, il n'y a qu'à compter en arrière, à partir de chacune de ces lettres prises dans un alphabet quelconque, autant de lettres que le chiffre au-dessus indique d'unités; la dernière ainsi comptée sera celle qui devra être substituée pour en commencer le développement. Ici, par exemple, la première lettre *N* porte le chiffre 3, nous compterons donc *n*, *m*, *l*; et la troisième lettre *l* remplacera *N*; de même *i*, qui est surmonté de 5, en comptant *i*, *h*, *g*, *f*, *e*, devra être remplacé par *e*, qui, dans l'alphabet, comme nous voyons, se trouve la cinquième lettre avant *i*; par conséquent le mot *Ni* sera remplacé par *Le*, et ainsi des autres. En suivant cette marche, nous trouverons de la missive la traduction suivante :

Le général doit tenter cette nuit le passage de la rivière, presqu'en face les hauteurs de Gratz, où il ne se trouve aucune batterie.

§ V.

Méthode de lord BACON.

Cette méthode consiste à employer des combinaisons de plusieurs signes ou chiffres pour exprimer une seule lettre.

Exemple :

bbbbb aaaaa babba abbbb abaaa aabab,
abbbb bbbba aabbb abbbb, aabaa abaaa,
babbb aabbb babaa abbbb abaaa, aaabb
abaaa bbbab abaaa aabab.

Clef ou Alphabet.

a	aaaaa	g	baaab	n	bbbab	t	abbbb
b	aaaab	h	baaba	o	bbbba	u	aabbb
c	aaaba	i	babaa	p	bbbbb	v	aaabb
d	aabaa	j	bbaaa	q	baabb	x	bbabb
e	abaaa	l	bbaba	r	babba	y	abaab
f	baaaa	m	bbbaa	s	babbb	z	aabab

Mais quand on a à déchiffrer une missive tracée au moyen de plusieurs combinaisons de chiffres, ou de signes trop compliqués et difficiles à distinguer l'un de l'autre, il faut avant tout, pour en faciliter le débrouillement, que le déchiffreur en fasse une première traduction à part, remplaçant chaque combinaison différente par un seul signe plus simple et plus facile à tracer.

La missive ci-dessus, par exemple, traduite par ces signes :

84x5†0 5—⁔—5 2† 9⁔65† —†3†0.

nous donnera moins de peine pour atteindre ce sens :

Partez tout de suite, venez.

L'avantage de ce système consiste en ce qu'il peut être combiné dans une dépêche qui n'inspire aucun soupçon, telle que celle dont j'ai parlé dans la méthode *Scott*, en remplaçant toutes les lettres italiques de la missive, par *a* ou par *b*, selon que le cas l'exige. Cette méthode, ainsi que la précédente, qui, dans l'opinion des auteurs, étaient considérées comme indéchiffrables, ont cessé de l'être de nos jours.

§ VI.

Méthode appelée des diviseurs.

DÉPÊCHE REELLE.

1	1	2	3	4	5	6	7	8	9	10	11	12	13	14	15
1	D	i	t	e	s,	n	o	u	s,	s	i,	v	o	t	r
2	e,	g	e	o	l	i	e	r,	v	i	e	n	t,	à,	l
3	a,	r	a	i	s	o	n,	e	t,	s	i,	o	n,	p	e
4	u	t,	a	r	r	i	v	e	r,	à,	v	o	u	s,	à,
5	f	o	r	c	e,	d'	a	r	g	e	n	t.	S	e	r
6	v	e	z,	v	o	u	s,	d	e,	c	e,	c	h	i	f
7	f	r	e,	t	a	n	t,	q	u'	o	n,	n	e,	l	e,
8	s	o	u	p	ç	o	n	n	e	r	a,	p	a	s,	n
9	o	u	s,	p	r	e	n	d	r	o	n	s,	l'	a	u
10	t	r	e,	s	i,	n	o	u	s,	y,	s	o	m	m	e
11	s,	f	o	r	c	é	s.								

LA MÊME DÉPÊCHE EN CHIFFRES.

7	2	4	1	11	15	3	10	5	13	6	12	8	14	9
o	i	e	D	i,	r	t	s	s,	o	n	v	u	t	s,
e	g	o	e,	e	l	e	i	l	t,	i	n	r,	à,	v
n,	r	i	a,	i,	é	a	s	s	n,	o	o	e	p	t,
v	t,	r	u	v	a,	a	à,	r	u	i	o	e	s,	r,
a	o	c	f	n	r	r	e	e,	S	d'	t.	r	e	g
s,	e	v	v	e,	f	z,	c	o	h	u	c	d	i	e,
t,	r	t	f	n,	é,	e,	o	a	e,	n	n	q	l	u'
n	o	p	s	a,	n	u	r	ç	a	o	p	n	s,	e
n	u	p	o	n	u	s,	o	r	l'	e	s,	d	a	r
o	r	s	t	s	é	e,	y,	i,	m	n	o	u	m	s,
s.	f	r	s,			o		c		é				

On voit que pour écrire d'après ce système, il suffit d'écrire d'après la manière ordinaire ; mais en isolant les lettres pour les faire correspondre suivant les colonnes verticales qu'on numérote ainsi qu'on le voit dans la première missive. Ensuite pour le secret, on écrit de nouveau les mêmes lettres en intervertissant l'ordre des colonnes verticales, comme je viens d'en donner l'exemple ; on pourrait encore dans ce cas employer des chiffres ou tout autres caractères.

§ VII.

Méthode du télégraphe aérien

SUR UNE COMBINAISON DE TROIS CHIFFRES

Δ Nccnsnrne odesieees uerelunom aeuradrmr snscfrduu vmriueeos srbtofni oolatlcu nuanpaor vsrsursr lecllnao useorats daeaoets unetnpis elhdhcnu.

TRADUCTION.

Nous avons vu le duc de Nemours s'élancer sur la brèche en s'écriant : « Soldats ! il faut, pour l'honneur de la France, prendre Constantine ou mourir sous ses murs. »

PRÉPARATION.

	A	B	C
C B A	uerelunom	odesieees	nccnsnrne
B C A	vmriueeos	snscfrduu	aeuradrmr
B A C	nuanpaor	oolatlcu	srbtofni
C A B	useorats	lecllnao	vsrsursr
A C B	elhdhcnu	unetnpis	daeaoets

On trace un tableau conformément à celui que nous avons sous les yeux, et l'on place trois lettres ou chiffres, n'importe, à la tête des trois colonnes verticales; supposons les lettres A B C, puis les autres combinaisons que l'on peut former avec ces trois lettres, c'est-à-dire C B A, B C A, B A C, C A B, A C B, on les place au commencement d'autant de lignes horizontales.

Or, pour chiffrer cette missive, nous placerons chacune des lettres qui la composent dans chacune des colonnes verticales indiquées par l'ordre des lettres qui commencent chaque ligne horizontale; ainsi pour le premier mot *Nous*, N se placera dans la dernière colonne verticale C, parce que la première lettre de la ligne horizontale C B A est C; *o* se mettra dans la colonne verticale B, car B est la deuxième lettre de cette combinaison; enfin la lettre *u*, qui est la troisième de *Nous*, se mettra dans la colonne verticale A, étant celle-ci la troisième lettre de la même combinaison. Comme les trois colonnes verticales de la première ligne horizontale ont reçu chacune une lettre, la quatrième, *s*, sera portée sur la deuxième ligne horizontale B C A, et dans la colonne verticale B, car cette lettre est la première qui commence la combinaison B C A; le C étant la deuxième lettre de cette même combinaison, *a* se placera sur la même ligne dans la colonne verticale C, et ainsi de suite. Quand toutes les lettres seront ainsi placées, on n'aura plus qu'à la recopier, ayant soin de mettre à la tête de la dépêche un signal pour n diquer que l'on a employé des combinaisons, soit de trois, soit de quatre chiffres, etc.

RÉSUMÉ.

Ayant à déchiffrer une dépêche de cette nature, on commencera par placer tous les mots de la dépêche dans le tableau préparé, et dans cet ordre : le premier mot dans la colonne verticale C; le deuxième mot dans la deuxième colonne verticale B; le troisième dans la première colonne verticale A; le quatrième dans la troisième colonne sous le premier mot; le cinquième dans la deuxième colonne sous le deuxième mot; le sixième dans la première colonne, sous le troisième mot, et ainsi successivement jusqu'à la fin. Cette opération faite, on devra extraire toutes les lettres du tableau, dans le même ordre qu'elles y ont été placées; et, en les portant à part les unes après les autres sur des lignes horizontales, on en trouvera naturellement la traduction.

Le télégraphe aérien fut inventé par un Français, M. Chappe; mais depuis l'invention de la télégraphie électrique, on ne s'en sert plus que dans quelques cas exceptionnels.

§ VIII.

Télégraphie électrique.

L'Angleterre et l'Amérique sont les premières nations qui ont fait usage du télégraphe électrique. D'autres gouvernements l'ont adopté ensuite. Ce n'est qu'en 1845 que la France commença à en faire l'application, pour assurer la régularité du service. Et quoique chaque gouvernement ait cherché à se créer d'abord des systèmes exclusifs pour son propre usage, le système d'appareils le plus parfait qui soit connu jusqu'à ce jour, et le plus généralement adopté, est celui qui a été inventé par le professeur américain, M. Morse.

Ce système consiste dans les deux faits scientifiques suivants :

1° Un courant traverse un conducteur formant circuit, c'est-à-dire, réunissant les deux pôles d'un électromoteur ou d'une pile. L'intensité du courant doit être proportionnée à la longueur du conducteur. A ces conditions il produit à des points quelconques de son parcours des effets visibles, comme la déviation d'une aiguille aimantée.

2° Dans l'instant même où circule le courant, l'aimantation se produit dans un morceau de fer doux, autour duquel le fil conducteur s'enroule un grand nombre de fois. Le fer doux, devenu ainsi aimant, agit sur d'autres corps à sa portée, par sa force attractive.

Voici un autre essai de M. Morse :

Sur une planche métallique sont fixées isolément toutes les lettres de l'alphabet Morse; elle est en communication avec l'appareil et avec la pile. Si sur ces lettres vous promenez un style auquel est attaché le fil de ligne, vous formez un circuit et vous reproduisez dans l'appareil de votre correspondant les lettres que vous aurez touchées dans toute leur longueur.

Mais comme cette science n'est pas le but de nos études, nous nous bornerons à citer, pour ceux qui voudront l'approfondir, les meilleurs auteurs qui en ont traité, savoir : Becquerel, de la Rive, le vicomte du Moncel, Ganot, Pouillet et d'autres.

§ IX.

ÉCRITURE MAÇONNIQUE.

Les écritures dont se servent les Maçons ne sont pas difficiles à lire, car ils ne font que remplacer les lettres de l'alphabet ordinaire par des signes assez simples.

Pour lire leurs écritures, il ne s'agit guère que de suivre

la marche que nous avons prise pour la méthode primitive.

Quoique les Maçons aient plusieurs alphabets, tous se ressemblent. Je me bornerai ici à tracer la forme de celui qui est le plus usité; savoir :

ALPHABET DES MAÇONS.

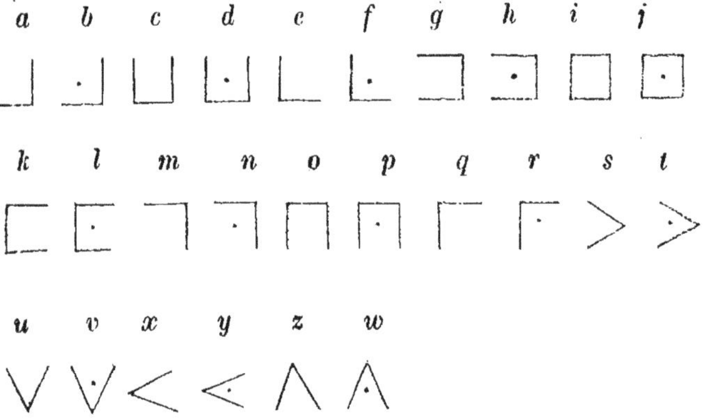

Voici la manière dont il se forme :

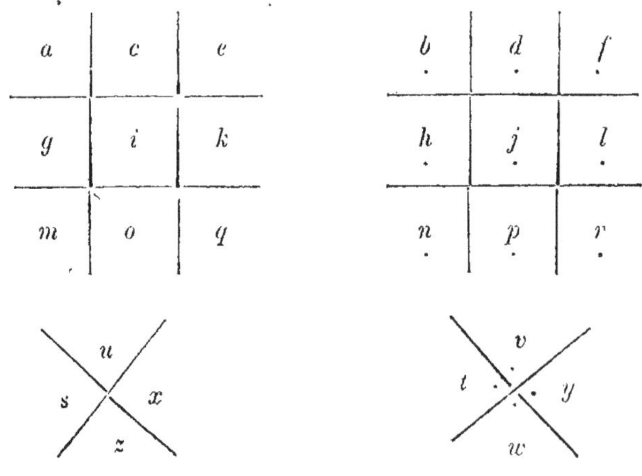

Les figures qui n'ont aucun point indiquent les lettres de l'alphabet d'ordre impair, et celles qui sont accompagnées d'un point représentent les lettres de l'alphabet d'ordre pair.

Missive

AU MOYEN DE CET ALPHABET.

TRADUCTION.

Ne manquez pas d'être chez moi à onze heures ; tout est en ordre. Notre fortune est faite. Adieu.

Autre missive

ÉCRITE AVEC LE MÊME ALPHABET ; MAIS D'UNE MANIÈRE PLUS COMPLIQUÉE, ET PLUS DIFFICILE A LIRE POUR CELUI QUI N'EN CONNAIT PAS LA CLEF.

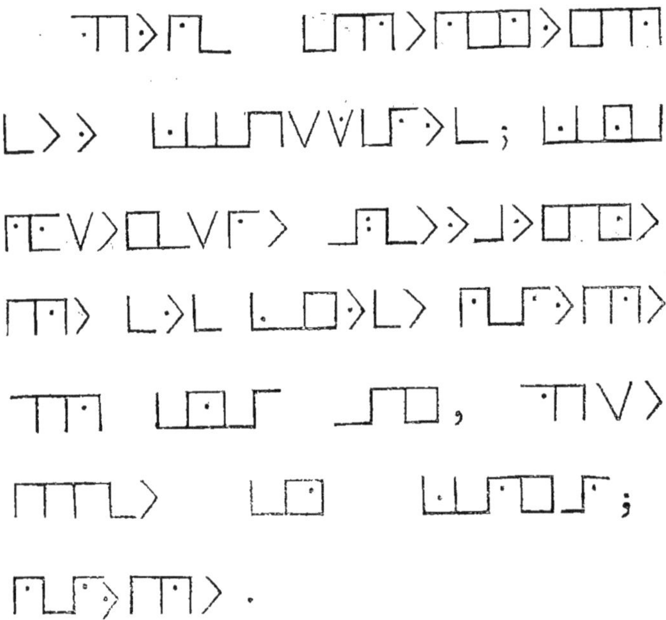

TRADUCTION.

Notre conspiration est découverte ; déjà plusieurs arrestations ont été faites. Partons, mon cher ami, nous sommes en danger ; partons !

Dans cette missive, comme l'on voit, on a employé les mêmes caractères, mais plus ou moins liés ensemble ; cependant cela ne doit pas embarrasser le déchiffreur, car il suffit d'un instant d'examen pour découvrir le secret employé.

§ X.

Méthode

OU L'ON EMPLOIE UN ALPHABET DIFFÉRENT POUR CHAQUE LIGNE.

Opvt tpnnft b upvuf fyusfnjuf: mft tpmebut—ug tgyqunvgpv, lg p'gp uxku rnxu ockvtg. — Kdxhc zryv grqf gh qryv vhfryulu.

TRADUCTION.

Nous sommes à toute extrémité : les soldats — se révoltent, je n'en suis plus maître. — Hâtez-vous donc de nous secourir.

Pour chiffrer cette missive j'ai pris la marche suivante :

1° J'ai écrit à part la missive de la manière ordinaire ; j'ai fait le tableau qui suit, composé de différents alphabets, en prenant les lettres, pour chaque ligne de la missive, dans le premier alphabet de ce tableau.

2° Pour chiffrer la première ligne de la missive j'ai remplacé les lettres de ce premier alphabet par celles qui lui correspondent dans le deuxième.

3° Pour la deuxième ligne, ce sont les lettres correspondantes du troisième alphabet, qui y ont été substituées; et pour la troisième ligne, ce sont celles qui correspondent au quatrième alphabet.

La comparaison de la dépêche ci-dessus et de sa traduction avec le tableau des alphabets qui va suivre fera mieux connaître cette marche au lecteur.

PARADIGME.

1 *a b c d e f g h i j k l m n o p q r s t u v x y z*
2 *b c d e f g h i j k l m n o p q r s t u v x y z a*
3 *c d e f g h i j k l m n o p q r s t u v x y z a b*
4 *d e f g h i j k l m n o p q r s t u v x y z a b c*
5 *e f g h i j k l m n o p q r s t u v x y z a b c d*
6 *f g h i j k l m n o p q r s t u v x y z a b c d e*
7 *g h i j k l m n o p q r s t u v x y z a b c d e f*
8 *h i j k l m n o p q r s t u v x y z a b c d e f g*
9 *i j k l m n o p q r s t u v x y z a b c d e f g h*
10 *j k l m n o p q r s t u v x y z a b c d e f g h i*
11 *k l m n o p q r s t u v x y z a b c d e f g h i j*
12 *l m n o p q r s t u v x y z a b c d e f g h i j k*
13 *m n o p q r s t u v x y z a b c d e f g h i j k l*
14 *n o p q r s t u v x y z a b c d e f g h i j k l m*
15 *o p q r s t u v x y z a b c d e f g h i j k l m n*
16 *p q r s t u v x y z a b c d e f g h i j k l m n o*
17 *q r s t u v x y z a b c d e f g h i j k l m n o p*
18 *r s t u v x y z a b c d e f g h i j k l m n o p q*
19 *s t u v x y z a b c d e f g h i j k l m n o p q r*
20 *t u v x y z a b c d e f g h i j k l m n o p q r s*
21 *u v x y z a b c d e f g h i j k l m n o p q r s t*
22 *v x y z a b c d e f g h i j k l m n o p q r s t u*
23 *x y z a b c d e f g h i j k l m n o p q r s t u v*
24 *y z a b c d e f g h i j k l m n o p q r s t u v x*
25 *z a b c d e f g h i j k l m n o p q r s t u v x y*

Si nous voulons changer d'alphabet pour chaque mot d'après ce système, nous prendrons tous les mots de la missive réelle dans la première ligne du paradigme, et nous remplacerons le premier mot par les lettres qui lui correspondent dans le second alphabet; le second mot dans le troisième alphabet, et ainsi successivement.

Voulant écrire avec un alphabet différent pour chaque lettre, nous n'aurons qu'à suivre absolument la même marche que dans les cas précédents, avec la seule différence qu'il faut faire pour chaque lettre le même ouvrage que nous avons fait plus haut, pour chaque mot ou pour chaque ligne.

Il est encore beaucoup d'autres méthodes dont je m'abstiendrai de parler; premièrement, parce que, quoique je donne ici l'initiative sur différents systèmes, mon but principal n'a été que de donner des moyens sûrs, pour déchiffrer toutes les écritures même dans une langue étrangère et inconnue, lorsqu'on aurait suivi la marche ordinaire. Car c'est de ces mêmes principes que résultent les avantages que j'ai fait connaître dans ma préface. En second lieu, parce que les autres méthodes en général offrent peu d'intérêt, et présentent, outre un grand nombre d'autres inconvénients, celui d'exiger trop de temps pour les chiffrer.

Cependant, je le répète, je ne crois pas qu'il y ait de secrets impénétrables à l'expérience exercée d'un déchiffreur habile. Il doit toujours commencer par s'entourer, autant que possible, des documents qui peuvent le mettre sur la voie de la découverte; tels que le nom probable de la personne qui écrit, celui de la personne à qui l'on écrit, celui de la ville où est adressée la dépêche, ou de celle d'où elle est envoyée; la date, le sujet de la missive, la formule : *votre très-humble serviteur*, etc., enfin tout ce qui se présente à part sur les dépêches fournit par là même un moyen d'examen tellement fécond, qu'une seule de ces circonstances, une fois trouvée, amène presque toujours la découverte du système employé.

Le déchiffreur aura préalablement fait, sur les langues européennes, une étude analogue à celle que j'ai entrepris de démontrer.

LANGUE ALLEMANDE.

CHAPITRE CINQUIÈME.

LANGUE ALLEMANDE.

L'alphabet allemand ayant vingt-neuf lettres, le lecteur ne trouvera pas mal que nous le fassions connaître, ainsi que la formation de plusieurs diphthongues.

ALPHABET.

a ä b c d e f g h i j k l m n o ö p q r s (σ, final)
t u ü v w x y z.

ä Se met à la place, et se prononce tantôt comme *ê* ou *è* français, et tantôt comme *é*.

ö A la valeur de *eu* français.

u ü Se prononcent, le premier comme *ou* français ; le deuxième comme *u*.

w A la valeur, et se prononce à peu près comme le *v* français.

CONSONNES COMPOSÉES.

ch Se prononce comme le χ des Grecs.

ck Remplace le double *k*.

sch A la valeur de *ch* des Français.

sz A le son de l'*s* dur, et ne se trouve que dans l'intérieur des mots, et quelquefois à la fin.

tz Remplace le double *z*, et ne s'emploie qu'après une voyelle brève.

DIPHTHONGUES.

Ai, ei, oi, au, äu, eu.

DOUBLES CONSONNES.

Aa, bb, cc, dd, ee, ff, ll, mm, nn, oo, pp, rr, ss, tt.

Les plus usitées sont : E, ensuite N, I, R, S, U, Ű.

Moins usitées : Q, X, Y, J, C.

Seul monogramme : O.

Bigrammes.

Les Bigrammes ainsi que les Trigrammes de cette langue ne sont pas très-nombreux ; les voici :

Ab, al, am, an, au, da, ha, ja, sa, wa.

Ei, er, es, et, he, je.

Ob, on, öl, so, wo.

Ei, im, in.

Au, um, un, ur, zu.

Les plus usités sont : *in, zu, er, es, so, um.*

Le bigramme *un* précède souvent un autre mot, auquel il se lie le plus souvent pour n'en former qu'un, comme :

Unbändig; Ungangbar; Untauglich, etc.

Trigrammes

LES PLUS USITÉS, OU SE TROUVE UN **A**.

Ach	Als	Amt	Art	Aus	Bau	Hat	Tag
Act	Alt	Arm	Ant	Bad	Das	Man	Was

OU SE TROUVE UN **E**.

Dem	Der	Die	Elf	Sie	Wen
Den	Des	Ein	Ode	Wie	Wer

Le trigramme *ver* se trouve souvent uni à un autre mot, exemple :

Versenden; *Vertragen*; *Verweisen*, etc.

OU SE TROUVE UN **I**.

Bei	Die	Ihn	Ihr	Mir	Nie
Bis	Dir	Ihm	Ist	Mit	Wir

OU SE TROUVE UN **U** OU **Ü**.

Auf	Aus	Hut	Neu	Pur	Tau	Und	Zum
Für	Gut	Lau	Nur	Rum	Uhr	Uns	Zur

QUI ONT LA PREMIÈRE LETTRE ÉGALE A LA TROISIÈME.

Aha	Ehe	Nun	Rar
Ege	Imi	Oho	Uhu

QUI ONT UN REDOUBLEMENT QUELCONQUE.

Aal Aat Aar Aas All Fee See

Les plus usités, parmi les trigrammes sont :

Und, Die, Der, Das, Dem, Den; ensuite : Ich, Ist, Ein, Sie, Man et Von.

Mots de quatre lettres,

QUI ONT LA PREMIÈRE ÉGALE A LA TROISIÈME.

Agat	Edel	Euer	Mime	Bube	Eden
Hohe	None	Egen	Hohl	Pipe	Eben
Ekel	Pape	Eber	Esel	Iris	Tute

QUI ONT LA PREMIÈRE ÉGALE A LA QUATRIÈME.

Edle	Elfe	Erde	Hoch	Pomp
Ehre	Ende	Eule	Kalk	Pump
Eile	Enge	Eure	Kork	Tact
Eine	Ente	Fünf	Mulm	That
Elbe	Erbe	Gang	Neun	Tadt

QUI ONT LA DEUXIÈME ÉGALE A LA QUATRIÈME.

Fege	Hebe	Lese	Rede	Solo
Feie	Here	Newe	Rege	Stät
Gala	Lava	Neue	Sara	Tara
Gebe	Lene	Rebe	Sehe	Zehe

QUI ONT UN REDOUBLEMENT MÉDIAL.

Abbe	Baar	Haag	Inne	Maas	Moos	Saat
Affe	Beet	Haar	Irre	Meer	Paar	Zaar
Amme	Boot	Heer	Leer	Moor	Saal	

MOTS QUI, OUTRE CE REDOUBLEMENT MÉDIAL, ONT ENCORE LA PREMIÈRE LETTRE ÉGALE A LA QUATRIÈME.

Ebbe, Elle, Esse

MOTS QUI ONT UN REDOUBLEMENT FINAL.

Ball	Denn	Dürr	Herr	Matt	Reff	Topp
Bann	Dörr	Fall	Idee	Molle	Riff	Voll
Bett	Dumm	Fell	Kamm	Muff	Ritt	Zinn
Bill	Dünn	Gett	Kinn	Narr	Satt	Zool
Boll	Papp	Gott	Kitt	Nett	Soll	Wall
Damm	Puff	Hall	Lamm	Null	Thee	Wenn
Dann	Putt	Hell	Mann	Ramm	Toll	Wett

Nous faisons en outre remarquer les mots de quatre lettres *sich* et *noch*, lesquels sont très-usités.

Mots de cinq lettres,

QUI ONT UN REDOUBLEMENT ENTRE DEUX LETTRES DE LA MÊME VALEUR.

Essen	Galla	Innig	Kette	Messe	Neffe	Wette
Esser	Helle	Irrig	Lotto	Mette	Tenne	Zelle
Fette	Henne	Kelle	Manna	Motto	Welle	»

Tous ces mots, ainsi que nous le voyons, ont le redoublement en consonnes, et les voyelles qui les renferment sont en général des E.

QUI ONT DEUX MÊMES LETTRES QUI SE RÉPÈTENT.

Cacao	Einen	Engen	Eurer	Kieke	Mimik
Derer	Enden	Erker	Gegen	Lilie	Stets

Le mot *ebene* est le seul qui ait trois mêmes lettres.

Mots de six lettres,

QUI EN ONT TROIS DE LA MÊME VALEUR.

Belege	Elegie	Gerede	Ökonom
Ebenen	Eselei	Gewebe	Statut

QUI ONT TROIS LETTRES DE LA MÊME VALEUR, Y COMPRIS UN REDOUBLEMENT.

Bannen	Gönnen	Können	Nenner	Pfaff
Binnen	Hennen	Linnen	Pappel	Rinnen
Bittet	Hinnen	Lullen	Pappen	Sinnen
Dannen	Kennen	Mammon	Pappig	Sonnen
Stätte	Tannen	Tratte	Wannen	Zinnen

Nous voyons que le redoublement en N est le plus fréquent parmi tous ces mots.

Le seul mot *nennen* a quatre lettres de la même valeur.

QUI ONT UN REDOUBLEMENT ENTRE DEUX MÊMES LETTRES.

Aeffen	Fessel	Kessel	Massan	Retten
Bellen	Fetten	Ketten	Messen	Retter
Bettel	Gellen	Klemme	Messer	Semmel
Betten	Hemmen	Klette	Nessel	Steppe
Billig	Herren	Kresse	Prelle	Tresse
Blesse	Heller	Letten	Gresse	Sittig
Dessen	Hemmer	Letter	Renner	Vetter
Willig	Wetten	Wetter	Zerren	Zettel

Mots de sept lettres,

QUI EN ONT TROIS DE LA MÊME VALEUR.

Barbara	Besehen	Gelesen	Hererei
Begeben	Bewegen	Genesen	Legende
Begehen	Element	Geweine	Neuerer
Beheren	Erbeben	Gewerbe	Segeler
Belegen	Erbeten	Geziere	Tractat
Belehen	Ersehen	Gezegen	Vigilie
Bereden	Gelegen	Granada	Weberei

QUI ONT TROIS MÊMES LETTRES Y COMPRIS OU AVEC UN REDOUBLEMENT.

Brunnen	Gezerre	Kärrner	Pfarrer	Spinnen
Gelalle	Hellene	Pappeln	Spannen	Trennen

Mots de sept ou de huit lettres,

QUI ONT DEUX REDOUBLEMENTS.

Abbannen	Ebbeeren	Gallopp	Terrasse
Abbitten	Erretten	Laffette	»

MOTS FORMÉS DE DEUX MÊMES SYLLABES.

Barbar	Kerker	Papa	Tartar
Hoho	Mama	Perper	»

Trois mots de huit lettres,

QUI EN ONT QUATRE DE LA MÊME VALEUR.

Anrennen, Benennen, Beseelen

Mots qui ont un redoublement final.

Ces redoublements sont en grande partie en L, ensuite en T, N ou F, et quelques-uns en P, M, R ou B, savoir :

MOTS QUI ONT UN REDOUBLEMENT FINAL EN L.

Abfall	Gebrüll	Marschall	Rebell
Anfall	Gefäll	Marstall	Rondell
Ausfall	Geroll	Metall	Schall
Beifall	Gesell	Modell	Schwall
Beigesell	Gestall	Officiell	Schnell
Berfall	Grell	Pastell	Semmell
Castell	Groll	Pedell	Stall
Ceremoniell	Isabell	Prall	Still
Duell	Kappell	Protocoll	Ueberall
Durchfall	Knall	Pupill	Vassall
Einfall	Krokodill	Quell	Verfall
Gebell	Libell	Reell	Violoncell

MOTS QUI ONT UN REDOUBLEMENT FINAL EN T.

Abgott	Berggott	Fagott	Schutt
Abtritt	Blatt	Filett	Skelett
Antritt	Cabinett	Glatt	Spott
Austritt	Cabriolett	Gott	Statt
Anstatt	Cadett	Platt	Stackett
Auftritt	Clarinett	Quitt	Stilett
Auschnitt	Duett	Rabatt	Tritt
Bankerott	Einschnitt	Rachett	Trott
Bankett	Einritt	Schnitt	Violett
Beiblatt	Eintritt	Schritt	»

MOTS QUI ONT UN REDOUBLEMENT FINAL EN N.

Aeffinn	Brenn	Gespann	Jüdinn
Anspann	Brunn	Gewinn	Kaufmann
Beginn	Erbinn	Häsinn	Normann
Bergmann	Göttinn	Hindinn	Thörinn
Bordmann	Gebärerinn	Johann	Tirann

MOTS QUI ONT CE REDOUBLEMENT EN F.

Begriff	Griff	Schiff	Stoff
Betreff	Kniff	Schlaff	Straff
Eingriff	Pfiff	Schroff	Treff

MOTS QUI ONT DES REDOUBLEMENTS FINAUX EN P, M, R OU B.

Bergknapp	Schlepp	Klemm	Trumm
Klipp	Schupp	Krimm	Catharr
Kropp	Schwapp	Krumm	Geschirr
Krepp	Trupp	Schlimm	Gewirr
Krapp	Fromm	Schwamm	Starr
Philipp	Grimm	Stamm	Clubb

Nous croyons à propos de devoir renouveler, pour l'intelligence de nos lecteurs, quelques observations relativement à tous ces mots, savoir : qu'en les divisant en différentes catégories, ainsi que nous l'avons fait pour ceux qui ont une construction particulière, notre but est de donner au déchiffreur le plus de facilité possible pour trouver la valeur d'un mot dont il pourrait avoir besoin. La comparaison de ces mots avec les mots en chiffres est un des meilleurs moyens.

S'il n'est pas très-facile de trouver d'abord la valeur d'un mot tout entier, dans une missive, il sera difficile au moins de rencontrer un grand mot où nous n'ayons déjà trouvé la valeur d'une ou de plusieurs lettres. Dans ce cas on en trouvera le sens véritable en le comparant avec ceux de la catégorie respective à laquelle il appartient. Mais nous voulons encore supposer le contraire. Si nous rencontrons un mot avec un redoublement final, par exemple, celui-ci : *d x x o h o y q q*, où nous ne connaissons encore la valeur d'aucune lettre, nous devrons présumer que le redoublement final est en L, parce que c'est par cette lettre qu'il se reproduit davantage. C'est donc parmi les mots qui ont un redoublement final en L que nous le chercherons; mais il faut préalablement bien examiner la formation du mot, et procéder de cette manière : le mot ci-dessus est composé de neuf lettres; il a, en outre, un redoublement médial que nous ne connaissons pas; ce redoublement suit immédiatement la première lettre du mot; après ce redoublement se trouve une lettre, laquelle est encore une fois répétée dans le mot. Or, en cherchant dans les mots qui ont un redoublement final en L, qui sont composés de neuf lettres ayant un redoublement médial, et où après ce redoublement se trouvent deux mêmes lettres occupant la même position qu'occupent les O dans ce mot, nous n'aurons pas besoin d'aller plus loin pour nous persuader que le mot en chiffres *d x x o h o y q q*, représente le mot *officiell*. Si nous avions fait ces recherches, non-seulement parmi les mots qui ont un redoublement final en L, mais encore parmi tous les autres, nous aurions obtenu le même résultat.

Ainsi, les mots *y s a q a x a b b*, *v x l c x l l*, *q r d r r*, représenteraient les mots *protocoll*, *hindinn*, *pfeff*, etc.

REMARQUES GÉNÉRALES.

La langue allemande n'a qu'une apostrophe, que l'on aperçoit quelquefois, et seulement à la fin d'un mot; la lettre apostrophée sera toujours un 'S, comme :

Abend 's, *Morgen* 's, *Nochmal* 's, etc.

La lettre E est plusieurs fois répétée dans un long mot.

Les lettres S et T, S et Z, T et Z, (st, sz, tz) se trouvent souvent unies dans l'intérieur des mots. Voir les diphthongues.

Si G H sont les lettres qui précèdent la dernière d'un mot, cette dernière sera généralement un E ou un T.

Si, après les lettres C H, il y en a encore deux autres pour terminer le mot, celles-ci seront généralement E N, comme dans les mots :

Durchbreche; Nachricht; Vergleichen.

L'H est souvent médial dans les trigrammes qui commencent par un I.

Un redoublement au commencement d'un mot sera toujours en A, comme dans les mots :

Aachen; Aalfang; Aalkasten; etc.

Quelquefois cette voyelle, ainsi que l'E et l'O, se redoublent dans l'intérieur des mots, comme dans :

Saale	Kameel	Schoosz
Staatt	Theeren	Zoolog

Mais ces mots ne sont qu'en petit nombre. On en rencontre quelques autres qui ont un redoublement final en E, et d'autres, finalement, qui l'ont en A, comme :

Caffee, *Armee*, *Chaldäa*, *Judäa*, etc.

MISSIVE EN CHIFFRES.

Ild	nlfb	vlnc	vts	Hloedtd,
1	2	3	4	5
Sohtdd	vsn	pdfskspòsd	Jsoi-	
6	7	8		
esfsdn,	zejed	tmk	vto	fsn-
9	10	11	12	
yoemksd	klhs,	pdv	tkos	Bemkbso
13	14	15	16	17
td	czst	Blfsd	lhostnsd	ztov
18	19	20	21	22
pi	ntmk	dlmk	Ylotn	ep	hsfshsd.
23	24	25	26	27	28

a b c d e f g h i j k l m n o p q r s t u v w x y z

Ici nous ne pourrions nous dispenser de reconnaître d'abord l'E, parce qu'il est fort usité dans la langue allemande. Nous aurions encore d'autres moyens pour reconnaître la valeur de quantité d'autres lettres, et même des mots entiers, tel que le dernier de cette missive, *hsfshsd;* mais comme nous voulons appuyer cette théorie sur une base infaillible, et l'expliquer, autant qu'il est possible de le faire, par des règles positives, nous en suivrons les principes dans tous ses détails.

Le chiffre S se trouve vingt fois dans cette missive, nous devons ainsi supposer qu'étant en nombre supérieur aux autres, il représente la lettre E; essayons donc de lui donner cette valeur en plaçant un E au-dessus de tous les S, et rayons la lettre E dans l'alphabet qui se trouve placé immédiatement après.

Nous avons dit que grand nombre de mots finissaient par *en*, et comme les chiffres qui précèdent la dernière lettre dans les mots 8e, 13e, 19e, 20e et 28e sont des E, nous aurons un motif de croire que le chiffre final D, qui se trouve dans quatre de ces mots, représente un N; marquons ainsi N partout. Maintenant, avec cette découverte, nous pourrions trouver facilement la valeur du mot $\underset{6}{\overset{e}{s}\,b\,h\,t\,\overset{n}{d}\,\overset{n}{d}}$, en cherchant, dans les mots qui ont un redoublement final en N, ceux composés de sept lettres qui commencent par un E; mais pour faire bien connaître cette marche au lecteur et lui apprendre à surmonter toutes les difficultés, nous en prendrons une autre qui ne présente pas autant de facilité pour être découvert. Le mot $\underset{18}{t\,\overset{n}{d}}$, par exemple, où nous avons déjà la valeur du deuxième chiffre. Le premier chiffre T devrait être un I, car le bigramme *in* est un des plus usités, mais il pourrait être aussi un A pour *an*. Cependant, examinons un peu lequel de ces deux mots doit être représenté par le bigramme ci-dessus. Le premier chiffre ne peut être A, par la raison que ce même chiffre se trouve médial dans le trigramme $\underset{4}{v\,t\,\overset{e}{s}}$ où le troisième chiffre est un E, et comme il n'y a, en allemand, aucun mot de trois lettres, dont la médiale soit un A et la finale un E,

nous devrons être naturellement persuadés que le bigramme en question est *in*, et que le trigramme est *die*. Si nous marquons encore ces deux lettres à leur place,
d i
nous verrons que le chiffre final O, dans le mot *v t o*, ne
12
peut être qu'un R pour faire *dir*. Par cette lettre nous
d e
aurons encore la valeur du mot *v s n*, lequel doit être un
7
des mots *den*, *der* ou *des* ; mais comme nous avons déjà trouvé les lettres R et N, le mot sera *des*. Si nous avons soin de placer toujours au-dessus de chaque chiffre la lettre correspondante, à mesure que nous la découvrons, nous trouverons successivement les mots *Erbinn*,
6
begeben; les mots *ungeheuren*, *und*, *ihre* et
28
zu, qui surmontent les numéros 8, 15, 16 et 27; les mots *dasz*, *ich*, *habe*, *um* et *sich* indiqués par les numéros 3, 11, 14, 23 et 24; les mots *man*, *sagt*, *Tagen* et *abreisen*, aux numéros 1, 2, 20 et 21. Ensuite le mot *Baronin* au 5e, *Vermoegens*, *gesprochen* et *Paris* aux 9e, 13e et 26e, et finalement, les mots *wovon*, *Tochter* et *wird* aux 10e, 17e et 22e numéros, et le mot *zwei* au 19e, qui tous réunis formeront la traduction suivante :

Man sagt dasz die Baronin, Erbinn des ungeheuren Vermoegens, wovon ich dir gesprochen habe, und ihre Tochter, in zwei Tagen abreisen wird um sich nach Paris zu begeben.

DEUXIÈME MISSIVE.

Hml kjehjpexjml pej yql
1 2 3 4

fmnvpxmw hqm kjehj fqwwmw
5 6 7 8

dqml iwh zcewzqo kjiwhmw zi
9 10 11 12 13

dmlxekkmw. qgp fqjjm hqgp
14 15 16 17

hmywegp hmqwm Eflmqkm, nij
18 19 20 21

hmw Eiomwfxqgs, einzikgpqmfmw,
22 23 24

hmww qgp kmpm rmjzj smqwm
25 26 27 28 29

Yvoxqgpsmqj ympl, iwk cqmhml
30 31 32 33

zikmpmw, fqk qgp wegp Peikm
34 35 36 37 38

svyym, cv qgp omomw Mwhm
39 40 41 42 43

hmk yvwejk mqwjlmnnmw Cmlhm.
44 45 46 47

Après avoir trouvé les E et les N, dans cette missive, ce qui ne sera pas difficile, nous prendrons les mots :
e n   e n n   e n e
hmw, *hmww* et *mwhm*, où il nous restera en-
22   25   43
core à apprécier la valeur de l'H, que nous trouverons cependant sans beaucoup de difficulté, au moyen des
d e
combinaisons. Nous prendrons ensuite les mots *hqm*
6

d e n e
et *h m q w m*, qui nous donneront à l'instant même
19
la valeur du Q. Nous prendrons encore le 29e mot et le
i
trigramme *q g p*, qui est très-répété dans cette langue et qui se trouve aux mots 15e, 26e, 36e et 41e, et nous aurons la clef de la missive; mais nous poursuivrons, néanmoins, en prenant les mots 27e, 37e et 44e, et successivement les mots 1er, 3e, 7e, 10e, 18e, 31e, 32e, 35e, 38e et 42e;

Les mots 2e, 13e, 23e, 33e, 34e, 39e, 40e, 45e, 46e et 47e, et puis le 28e mot, qui finira par nous donner la traduction parfaite de la missive.

TROISIÈME MISSIVE.

Bms ecbic dbcicf Qncfd qn, hx xc-
bfc Vcxqslbf abcdcebfghsklcf. Hfi-
cé Scće bjj bf cbfce vqfgibmscf H-
fkedfhfv, hfd cbf vekigce jscbl dq-
ukf sqj ibms imskf bf dbc qfvecfg-
cfdcs xbjjqvlbmscf Lqfdce vcrlhm-
sjcj. Ci bij fhf hfhjg, ibms fkms x-
bj bcvchd cbfce Qej ukf Qfacenhfv
qnghvcncf.

QUATRIÈME MISSIVE.

Om gpqq xpf pz xopzoz wzsofzokxwzcoz zpjksm cqwjdoz. Pjk ozsuo-fzo xpjk iwu opzpco Sico wzb bi b-po Hikqhops bom Mjkwqbjkopzom t-pjk zikofs me qopmso Cozwcoz, qp-oamsof Ufowzb Hikqo iwu bpo Hw-dwzus, wzb cqiwao iz xopzo Ofdoz-zsqpjkdops, wzb iz xopzo wzyofizb-ofqpjko Izkincqpjkdops.

CINQUIÈME MISSIVE.

Rsf hvsifs Cfsibr kszqvsf oit swb-wus Hous gwqv sbhtsfbsb aigghs i-br awqv sfgiqvhs, gswbsb gqvizrn-shhsz ni novzsb, voh gwqv gc uih sbhtsfbh, rogn sf, uzoips wqv, bcqv zoith. Zswghs ozge rwsgsb hvsifsb Tfsibrsb swbsb Rwsbgh, nif Pszcv-bibu hfousb gws rwf oit, wvfs Gq-vizrsb ni psnovzsb.

LANGUE ANGLAISE.

CHAPITRE SIXIÈME.

LANGUE ANGLAISE.

L'alphabet de cette langue est composé de vingt-six lettres, savoir :

a b c d e f g h i j k l m n o p q r s t u v w x y z.

DIPHTHONGUES.

ae	ai	ao	au	aw	ay,	ea	ee	ei	eo	eu
ew	ey,	ia	ie,	oa	oe	oo	ou	ow,	ue	ui.

VOIX COMPOSÉES OU TRIPHTHONGUES.

eau *eou* *ieu* *iew* *iou*

DOUBLES CONSONNES.

bb cc dd ff gg ll nn mm pp rr ss tt zz

Lettres plus usitées : E, T, I, O, N, A, S et H.

Moins usitées : Z, Q, J, X, K et V.

Les mots sont terminés plus fréquemment par T, N, S, Y, D, E; et notamment par cette dernière lettre.

Les voyelles E, O, ne sont pas difficiles à distinguer des autres, la première parce qu'elle est la plus répétée; la deuxième parce qu'elle fait souvent partie des bigrammes; enfin parce qu'elles sont les seules lettres, presque, qui se doublent dans l'intérieur des mots de quatre lettres.

L'O se trouve quelquefois apostrophé.

Les monogrammes sont A, I, et quelquefois l'O interjection.

BIGRAMMES.

Ab, ah, ad, at, an.

Be, he, me, we, ge.

If, in, is, it.

Do, go, lo, no, of, on, or, so, to, wo.

Up, us, ut.

By, my, fy, ye.

Les plus usités sont *of, to,* ensuite *it, is, in, we, he, as, or, be, by, so, on.*

Ainsi, si le premier chiffre d'un bigramme est O, le deuxième sera ordinairement F, N, ou R.

Si c'est un T ou un S, le deuxième sera O.

Si c'est un I, le second sera T, S, N ou F.

S'il est un W, H ou Y, le second sera toujours un E.

Si le premier chiffre est un B, le deuxième sera un E ou un Y.

Si ce chiffre est A, le deuxième sera B, H, T, et le plus souvent S.

Et pour le *vice versâ*, on n'aura qu'à comparer les chiffres avec les bigrammes de la langue.

Si les deuxièmes chiffres de deux bigrammes qui se suivent sont les mêmes, ce sera *to do* ou *do no.*

Si les bigrammes sont trois, et que le premier de ces bigrammes soit égal au troisième, ce sera *to do to* ou *to go to*, comme en :

What hawe we to do with that.

You will do no good in it.

To go to London.

I had much to do to make him come, etc.

Si ce sont les deux premiers chiffres des deux bigrammes qui sont égaux, ce sera *if it, in it, it in, it is, or of* ou *or on;* mais ces premiers chiffres seront, comme on le voit, toujours des I ou des O.

Si le premier chiffre du premier bigramme est égal au deuxième chiffre du second bigramme, ce sera *of so, of to, or to* ou *to it.*

Si c'est le deuxième chiffre du premier bigramme qui est égal au premier chiffre du deuxième bigramme, ce sera *as so, is so*, et peut-être quelque autre peu usité.

Le bigramme *do* est souvent précédé de *to*.

Trigrammes les plus usités,

OU SE TROUVE SPÉCIALEMENT LA LETTRE A.

Aid	Ace	Ago	Aim	And	Ash	Bag	Cat
Age	Ale	Aid	Air	Arc	Axe	Bar	Car
Ado	Apt	Ail	Ake	Are	Bad	Bay	Can

Cap	Far	Jar	Lay	Nay	Pea	Sap	Wag
Dab	Fat	Jaw	Lea	Oaf	Rag	Sat	Wan
Dam	Gap	Lad	Mac	Oak	Rap	Tax	War
Day	Gay	Lag	Mad	Oar	Rat	Tea	Was
Ear	Gaz	Lap	Man	Pan	Raw	Van	Waa
Eat	Has	Law	May	Pat	Ray	Vat	Way
Fag	Hat	Lax	Nap	Pay	Sal	Wad	Yea.

OU SE TROUVE SPÉCIALEMENT UN **E.**

Ace	Die	Fen	Jet	Lie	One	Set	Web
Bed	Due	Her	Jew	Men	Ore	Sew	Yes
Bet	Eld	Hue	Key	Met	Pen	Sex	»
Cue	Elf	Ice	Leg	Mew	Peg	The	»
Dew	End	Ire	Let	Ode	Pie	Use	»

OU SE TROUVE SPÉCIALEMENT UN **I.**

Aid	Bit	Fig	His	to Irk	Kid	Tie
to Bid	Dim	Fit	Hit	Its	Lip	Viz
Big	Fie	Him	Ink	Ivy	Sir	Wit.

OU SE TROUVE SPÉCIALEMENT UN **O.**

Bow	Dog	God	Jot	Non	Out	Sot	Won
Box	Don	Hot	Joy	Ode	Our	Son	Wot
Boy	Foe	Hon	Lon	Oft	Rot	Top	You
Cog	For	Job	Mop	Oil	Sob	Two	You
Coz	Fox	Jog	Not	Old	Sod	Who	»

OU SE TROUVE SPÉCIALEMENT UN U.

Bur	Cur	Gun	Hum	Jut	Mud	Rub
But	Cut	Gut	Hut	Luy	Nut	Run
Cup	Dun	Hug	Jug	to Lux	to Put	Urn

OU SE TROUVE SPÉCIALEMENT UN Y.

Cry, Fry, Key, Ply, Sly, Spy, Why, Yes, Yet

TRIGRAMMES QUI ONT LA PREMIÈRE LETTRE ÉGALE A LA TROISIÈME.

Dad	Ere	Ewe	Gag	Mam	Hun
Did	Eve	Eye	Gig	Mum	Tit

TRIGRAMMES QUI ONT UN REDOUBLEMENT FINAL.

to Add	Ass	Ebb	Fee	Inn	Off	Too	to Woo
Ell	to Coo	Egg	Ill	Odd	See	Wee	»

Les trigrammes *eel*, *een*, sont les seuls qui commencent par un redoublement.

Les plus usités parmi les trigrammes sont *the*, *and*, ensuite, *her*, *our*, *for* et *his*.

Par conséquent, si le chiffre final d'un trigramme est un E, le premier chiffre sera ordinairement un T et le deuxième un H; quelquefois le deuxième sera encore N, S ou R, et le premier A, O ou U, pour faire *the*, *are*, *one* ou *use*, etc.

Si le premier chiffre est T, le trigramme sera le plus souvent *the*.

S'il est un A, le mot sera de préférence *and*, parce que ce trigramme ainsi que le précédent se rencontrent très-fréquemment.

Ces moyens de comparer les mots en chiffres avec les mots réels doivent nous servir de règle générale dans toutes les circonstances; c'est-à-dire, que quand nous trouverons la valeur d'un ou de plusieurs chiffres dans un petit mot, nous devrons examiner tous ceux d'un nombre égal de lettres, mais principalement si la même lettre occupe la même place dans le corps du mot.

Les remarques que nous faisons ici, celles de même nature que nous avons déjà consignées dans cet ouvrage, d'autres qui pourraient encore se reproduire ailleurs, se rapportant spécialement à des règles générales, doivent nous servir de base à toutes les recherches, lors même que nous n'aurions pas cru nécessaire de les rappeler.

Mots de quatre lettres

QUI ONT LA PREMIÈRE ÉGALE A LA TROISIÈME.

Alas	Cock	Ever	Ibis	Pipe	Rare
Babe	Even	Ewer	None	Pope	»

MOTS QUI ONT LA PREMIÈRE LETTRE ÉGALE A LA QUATRIÈME.

Dead	Edge	Fief	Pomp	Punp	Roar	That
Ease	Else	Noun	Prop	Rear	Test	Trot

QUI ONT LA DEUXIÈME LETTRE ÉGALE A LA QUATRIÈME.

Anon *to Cede* *Data* *Here* *Lava* *Solo* *Were*

QUI ONT UN REDOUBLEMENT FINAL.

Ball	Dull	Gall	Jess	Mass	Pill	Tall	Well
Bell	Fall	Glee	Kiss	Mess	Piss	Tell	Will
to Bill	Fell	Hall	Knee	Mill	Puff	Thee	Yell
Buff	Fill	Hell	Lass	Miss	Pull	Till	»
Bull	Free	Hill	Less	Muff	Rill	Toll	»
Call	Full	Hiss	Loss	Null	Roll	Toss	»
Cell	to Fuzz	Hull	Moll	Pass	to Sell	Tree	»

Nous croyons à propos de faire observer qu'un grand nombre de ces mots ont ce redoublement en L, d'autres en S.

Les mots *to loll, to lull* et *to soss* se laissent facilement apercevoir pour avoir la première lettre égale au redoublement final, ici nous commencerons toujours par avoir la valeur du bigramme qui les précède.

MÊMES MOTS DE QUATRE LETTRES QUI ONT UN REDOUBLEMENT MÉDIAL.

Beef	Coot	Hood	Meet	Roof	to Veer
Been	Deep	Hoof	Mood	Rook	to Ween
Beer	Door	Hook	Moon	Room	Weed
Boon	Doom	Hoop	Moor	Root	Week
Book	Feed	Hoot	Need	Seed	Weel
Boot	Feel	Jeer	Peel	Seen	to Weep
Boom	Foot	Keel	Peer	Seer	Weet
Boor	Food	Keen	Poor	Soon	Wood
Coom	Fool	Keep	Reed	Soot	Woof
Cook	Good	to Look	Reek	to Teem	Wool
Coop	Heed	Meed	Reel	Took	»
Cool	Heel	Meek	Rood	Tool	»

Ainsi qu'on le remarque, tous ces mots ont un redoublement médial en E ou en O. Les mots *to ally, eddy* et *odds,* seulement, ont ce redoublement en consonnes.

Indépendamment de la première lettre, qui est égale à la quatrième, les mots suivants ont un redoublement médial :

Deed, *Noon,* *Peep,* *Poop.*

Mots de cinq lettres

QUI SONT DIGNES D'ÊTRE REMARQUÉS.

Arras, Booby, Error, Geese, Reeve, Seeth, Tutty.

Mots de six lettres

QUI EN ONT TROIS DE LA MÊME VALEUR, Y COMPRIS OU SANS UN REDOUBLEMENT.

Ananas	Eleven	Horror	Puppet	Sneeze
to Assist	Eterne	Hubbub	Pippin	Tittle
Babble	Esteem	Jeerer	to Recede	to Totten
Beetle	to Exceed	Keeper	to Revere	Vegete
Bubble	Feeble	Mammet	Meeker	Venene
Breeze	Feeder	Mammon	Serene	Veneer
to Deepen	Feeler	Marrer	Severe	Weddet
to Doddle	Fleece	Peeler	Sleeve	Weeder

MÊMES MOTS QUI ONT UN REDOUBLEMENT ENTRE DEUX MÊMES LETTRES.

Annals	Career	Effect	to Lessen	Teller
Ballad	Collop	Feller	Peeper	Vesses
Better	Common	Ferret	Sollad	Webbed
Bottom	Cotton	Fillip	Seller	Zuffar

Comme on le voit, ces redoublements sont toujours des consonnes, et les lettres qui les approchent, des voyelles.

Les mots *Colly* et *Woolly* seuls ont deux redoublements.

Mots de sept lettres

QUI EN ONT TROIS DE LA MÊME VALEUR.

Besiége	Element	Incivil	Receive	Reverer
Caravan	Extreme	Militia	Reserve	Reverse
Electre	Feveret	Panacea	Revenge	Testate

QUI ONT DEUX REDOUBLEMENTS.

Bassoon, *Galloon*, *Misseen*, *Woollen*.

Les mots *esteemer* et *scissars*, composés de huit lettres, méritent une attention particulière.

MOTS QUI ONT UN REDOUBLEMENT FINAL.

Quoique la langue anglaise soit très-riche en mots qui ont un redoublement final, nous les avons épuisés tous; mais pour en rendre la recherche facile et prompte, nous les avons divisés et subdivisés en plusieurs catégories indiquées par le nombre des lettres dont ils se composent, de façon que si l'on avait besoin de trouver la valeur d'un mot, par exemple, de sept ou de huit chiffres, on irait le chercher dans la catégorie des mots qui ont ce même nombre de lettres.

Comme nous avons parlé de tous les mots qui ont moins de cinq lettres, nous continuerons par décrire tous les autres, et nous commencerons par ceux composés d'un nombre de lettres égal à ce dernier, savoir :

Abiss	Cross	Gross	Scull	Stiff
to Agree	Cukoo	Gruff	Shall	Still
Amiss	Dress	Knell	Shell	Stuff
to Bless	Drill	to Knoll	Skiff	Swell
Bluff	Droll	Levee	Skill	Swill
Brill	Dross	Prill	Small	Three
Brass	Fusee	to Quaff	Smell	to Troll
Chaff	Glass	to Quell	Snuff	Trull
Chess	Gloss	Quill	Spell	Truff
Chill	Grass	Scall	Spill	to Twill
Chuff	to Grill	Scoff	Stall	Whiff

Le mot qui aura le redoublement final égal à la première lettre sera *gringg*.

Mots de six lettres

QUI ONT UN REDOUBLEMENT FINAL.

Across	to Enroll	Recall	Swess	Thrall
Caress	Excess	Recess	Shrill	Thrill
Citess	to Inwall	Remiss	Squall	Unwell
Degree	Morass	to Repass	Squill	Uphill
Egress	Rebuff	to Retass	to Stroll	»

Le mot qui aura le premier chiffre égal au redoublement final sera *epopee* ou *stress*.

Le mot qui aura en outre encore un redoublement médial sera *access* ou *halloo*.

Mots de sept lettres

QUI ONT UN REDOUBLEMENT FINAL.

Actress	Dulness	Harness	Nominee	Referee
Aidless	Endless	Hecress	Obligee	Refugee
Bigness	Empress	Hotness	Oldness	Regress
Brimett	to Engress	Impress	Oneness	to Repress
Canvass	to Express	Ingress	to Outsell	Sadness
Compass	Eyeball	to Install	Untwall	Spodnee
to Confess	Eyeless	Largess	to Perguss	Talness
Conchee	Fatness	Lawness	Pitfall	Tigress
Coyness	Fewness	Lioness	Prontiff	Trepass
Cuirass	Figtree	Lowness	Process	Trustee
to Depress	Fitness	Madness	to Profess	Undress
Devotee	to Foresee	Manless	Prowess	Useless
to Digress	Fulness	Matross	Reyless	Wetness
Dimmess	Godeless	to Mispell	Rekless	Windegg
Diocess	Grandee	Newness	Redness	Witless
to Dismiss	Hapless	Nobless	Redress	Witness

Le mot qui aura le premier chiffre égal au redoublement final sera :

Sinless, *Sliness*, *Sunless* ou *Success;*

Ce dernier se distingue des autres ayant encore un redoublement médial.

Dans ces mots, on commencera par trouver les S.

QUI ONT ENCORE UN REDOUBLEMENT MÉDIAL.

Address	Gonness	Illness	Oppress	Peeress

Mots de huit lettres

QUI ONT UN REDOUBLEMENT FINAL.

Archness	Fameless	Lewdness	Pithless	Timeles
Ableness	Farewell	Lifeless	Portress	Tombless
Baseness	Fasteness	Likeness	Prioress	Trueness
Birdcall	Fearless	Listless	Progress	Tuneless
Blueness	Featness	Luckless	Pureness	Tutoress
Bodiless	Firmness	Mayoress	Paleness	Ugliness
Boldness	Flatness	Mildness	Pertness	Victress
Boneless	to Foretell	Mindless	Rareness	Viewless
Canoness	Gaindless	Mistress	Rashness	Vileness
Damaness	Hairless	Moveless	Repartee	Voidness
Darkness	Handless	Moteness	Richness	Votaress
Dateless	Hardness	Mameless	Rifeness	Wareless
Deadness	Harmless	Neatness	Ripeness	Wariness
Distress	Headless	Niceness	Rockless	Warmness
Downhill	Highness	Numbness	Rudeness	Walhball
Doziness	Hopeless	Overfall	Ruthless	Wideness
Dureless	Harnless	to Oversell	Shotfree	Wildness
Dutchess	Hugeness	Painless	Snowball	Wiliness
Easiness	Justness	Peartree	Tameness	Windfall
Edgeless	Kindness	Pedigree	Termless	Windlass
Emperess	Lameness	Periscii	Thikness	Windmill
Eyegluss	Landless	Pipetree	Tidiness	»

MOTS QUI ONT LA PREMIÈRE LETTRE ÉGALE AU REDOUBLEMENT FINAL.

Landfall	Sageness	Saltness	Seamless	Sickness
Safeness	Saltless	Seagrass	Shunless	Seedness

Le dernier a, en outre, un redoublement médial en E.

MOTS QUI ONT UN REDOUBLEMENT MÉDIAL.

Bootless	Feetless	Goodness	Moonless	Reedless
Coolness	Fellness	Leanness	Needless	Teemless
Deedless	Football	Meanness	Peerless	Thinness
Deepness	Freeness	Meetness	Poorness	Weedless

Les mots suivants : *appellee* et *keenness*, ont trois redoublements.

Mais, à présent que nous avons désigné tous les mots qui ont un redoublement final et d'autres particularités, jusqu'à la concurrence de huit lettres, il me semble qu'il serait superflu de nous étendre davantage sur cette espèce de mots, parce qu'il est presque impossible de trouver, dans une phrase, un mot tout isolé, d'un certain nombre de chiffres où l'on n'y ait déjà découvert la valeur de quelques-uns d'eux, et pour peu que l'on ait d'autres données sur le mot, aucune difficulté ne devra s'opposer à sa juste intelligence. Nous nous bornerons donc à indiquer seulement le petit nombre de mots encore, qui méritent une attention plus spéciale.

Toutes les fois, par exemple, qu'un mot aura deux mêmes redoublements, ces redoublements seront toujours des S, à l'exception d'un petit nombre que nous ferons connaître plus bas. Voici ces mots, dont un des redoublements est final :

Ambassadress	Grossness	Passiveness
Artlessness	Groundlessness	Peerlessness
Assimilitatness	Guiltlessness	to Possess
Assuredness	Harmlessness	to Prepossess
to Assess	Heedlessness	Progressiveness
Blamelessness	Helplessness	Reklessness
Blessedness	Hurtlessness	Ruthlessness
Blissfulness	Indispossedness	Senselessness
Brassimess	Issueless	Submissiveness
Carelessness	Listlessness	Successfulness
Crossness	Massimess	Successless
Dauntlessness	Massiveness	Tastelessness
Disservisseableness	Matchlessness	Thanklessness
Dissoluteness	Merilessness	Thaughtlessness
Dreadlessness	Mossimess	Unaccessibleness
Drossiness	Necessariness	Unnecessariness
to Dispossess	Necessitousness	Uselessness
Grassimess	Needlessness	Warthlessness

Le mot *disservisseableness* se fait remarquer par ses trois redoublements en S.

Les suivants ont les deux redoublements en S, médiaux :

Assassin	Assession	Assessor	Possession
Assassinate	Assessment	Forepossessed	Prepossession

Ainsi que leurs dérivés.

Voici les quelques mots qui font exception à la règle précitée :

Fullingmill	Pallmall	Greendheede	Kneedeep
Footstool	Pellmell	Huggermugger	Tittletattle

Remarques spéciales

SUR LES MOTS QUI ONT UN REDOUBLEMENT FINAL.

Un redoublement final est généralement en S. La lettre qui précède ce redoublement est toujours un E, excepté quelques mots seulement. Celle qui précède l'E est généralement un N, et quelquefois R, L, ou une autre lettre moins usitée.

Toutes les fois, et sans exception, qu'il se trouve encore un S avant N, les deux lettres qui précèdent cet S seront O et U, et la lettre qui précède l'OU sera le plus souvent I ou U, et quelquefois R, E, L, M ou N, comme dans les mots :

Mysteriousness	Ponderousness	Miraculousness
Voluptuousness	Umbrageousness	Oleoginousness

Si la deuxième lettre qui précède le redoublement final en S et N, et que la quatrième soit un S, celle qui se trouve entre ces deux dernières lettres, c'est-à-dire la troisième, sera toujours un H, et par conséquent la lettre qui précède S sera toujours un I, comme dans les mots :

Dampishness, *Reddishness*, *Severishness*,

Dans tous les mots qui ont le premier chiffre égal au redoublement final, ces chiffres sont des S, à l'exception pourtant des mots *grigg*, *epopee*, *landfall*, *laystall* et quelques autres qui se trouvent désignés dans les mots de quatre lettres.

Dans les mots qui ont deux mêmes redoublements y compris le final, s'il se trouve deux chiffres entre le redoublement final et celui qui le précède, ces chiffres seront toujours N E, et les deux chiffres qui précèdent le premier redoublement seront L E ; ainsi lorsque nous remarquerons un mot qui aura, par exemple, cette terminaison. . . . : 3 1 6 6 x 1 6 6, nous pourrons franchement dire d'abord que les deux redoublements sont des S, ensuite, que les deux chiffres qui précèdent le premier redoublement sont L E, et que ceux qui se trouvent entre les deux redoublements sont N E, comme dans les mots :

Blamelessness, *Dreadlessness*, *Needlessness*.

Il est encore ici quelques exceptions à faire, lesquelles ne sont pas cependant d'une grande importance, ce sont les mots :

Crossness, *Grossness* et *Successless*.

qui ne sont pas difficiles à reconnaître ; les deux premiers parce qu'ils ont trois lettres avant d'arriver au premier redoublement ; le troisième, parce qu'il a trois redoublements, et qu'un seul chiffre se trouve entre les deux premiers.

Si, entre le redoublement final et celui qui le précède se trouve un seul chiffre, le mot sera : *possess* ou *to propossess*, lesquels ne sont pas, non plus, difficiles à remarquer.

Dans les mots qui ont deux mêmes redoublements, si le premier de ces redoublements suit immédiatement la première lettre du mot, cette première lettre, devant être une voyelle, sera toujours un A, comme dans *assuredness*, etc.

Le seul mot *issueless* doit s'excepter.

MISSIVE EN CHIFFRES.

E zkgtxd alun aloa aln pza-
1 2 3 4 5

zhnk Odnxq lou ennk gtskf
6 7 8 9 10

ouuouuzkoanf oa aln nkaxokpn
11 12 13 14

tg aln pouayn, usjjtunf at en
15 16 17 18 19 20

aln rzpazd tg pxsny axnoplnxq.
21 22 23 24 25

Zg alzu zu axsn, mn oxn oyy
26 27 28 29 30 31 32

zk fokwnx.
33 34

a b c d e f g h i j k l m n o p q r s t u v w x y z.

Cette missive n'est pas difficile à déchiffrer; pour commencer nous prendrons le premier mot. Ce monogramme, conformément à ce que nous avons démontré, doit être A ou I; mais si nous lui donnons la valeur de l'A, nous verrons bientôt que nous sommes dans l'erreur, car nous croyons avoir déjà remarqué cette lettre au commencement du onzième mot. Nous avons dit, un peu plus haut, en parlant des mots qui ont deux mêmes redoublements, que si le premier de ces redoublements suivait immédiatement le premier chiffre du mot, ce chiffre serait un A; alors, si O, dans le mot ci-dessus, est A, le monogramme Z sera incontestablement un I. Marquons donc un I sur tous les Z, et A sur tous les O. Prenons maintenant le mot $\underset{4}{a\ l\ \overset{a}{o}\ a}$. ce mot doit être *that* ou *teat*; mais, sans nous inquiéter de la valeur positive du mot par entier, nous saurons que les chiffres A sont des T: marquons encore un T sur tous les A. Or, dans ce même mot il ne manque plus qu'à savoir quelle est la lettre qui est représentée par le chiffre L; tout nous porte à croire que c'est H, parce que nous voyons employé ce même chiffre dans le trigramme $\underset{5}{\overset{t}{a}\ l\ n}$, lequel ne peut être que le mot *the*, par la raison que nous le voyons plusieurs fois employé dans la même missive, et que ce trigramme est entre tous le plus usité.

Ayant marqué à leur place les deux chiffres nouvellement trouvés, nous verrons que le T dans le bigramme $\underset{19}{a\ \overset{t}{t}}$ rem-

h a
place l'O. Le chiffre final du mot *l o u*, et les deux redou-
a a i a t e
blements dans le mot *o u u o u u z k o a n f*, sont des S. Qui
11
pourrait le contester? . . . marquons encore les O et les S. Dans ce dernier mot, les chiffres K et F ne remplacent-ils
a
pas les lettres N et D? Le trigramme *o y y* pourrait être
32
add, *all* ou *ass;* mais comme nous venons de trouver les lettres D et S, le trigramme sera *all.* A l'aide de cette lettre,
a s t l e
nous aurons la valeur du mot *p o u a y n*, où le P ne peut
17
représenter qu'un C, pour *castle*. Au moyen de cette lettre nous aurons l'R qui se trouve représenté par un X, dans le
c n t a n c e
mot *n k a x o k p n*, et nous aurons successivement la valeur
14
de l'U, représenté par W, au dernier mot. Ensuite il nous sera facile de voir que le G est à la place de l'F dans les mots 2ᵉ, 15ᵉ, 32ᵉ et 26ᵉ. Continuant ainsi à poser chaque lettre que l'on découvre, sur le chiffre qui lui correspond, nous obtiendrons la traduction suivante :

I inform thee that the citizen Amery has been found assassinated at the entrance of the castle, supposed to be the victim of cruel treachery. If this is true, we are all in danger.

DEUXIÈME MISSIVE.

Xi	xh	xesnbdjh	iujh	id	igrni
1	2	3	4	5	6

iurhr	jcsdgijcnir	egxhdcrgh.	Nsirg
7	8	9	10

unkxct	orrc	higxeerq	ds	rkrgv		
11	12	13	14	15		
iuxct,	iurv	ngr	arsi	id	qxr	ds
16	17	18	19	20	21	22
yjctrg	ncq	iuxghi	xc	iur	ldghi	
23	24	25	26	27	28	
egxhdch	ds	iur	pxiv.			
29	30	31	32			

En bien examinant cette missive, nous commencerons par trouver la valeur des trigrammes qui surmontent les numéros 27 et 31. Ensuite nous aurons celle du 7e mot, et des mots 1er, 2e, 4e, 5e, 17e et 20e. Par suite de ces découvertes, nous aurons les mots 14e, 21e, 22e, 26e et 32e; et successivement la valeur des mots 16e, 19e et 24e; des mots 3e, 6, 8e, 10e, 11e, 15e et 18; et finalement des mots 9e, 12e, 13e, 23e et 29e, qui, tous réunis, nous fourniront la traduction de la missive dans le sens réel.

TROISIÈME MISSIVE.

Ess wj exxeyrda izx Cqmxjaeh. Ec dsdgdy z' kszkt eç ywrqc, cqd vxzkdjjwzy, ekkzboeywda ph e jcxzyr djkzxc, nwss pd xdeah cz jdc zmc ixzb cqd oxwjzy recd. Czxkqdj nwss pd swrqcda cqd nqzsd sdyrcq zi cqd ressdxh.

QUATRIÈME MISSIVE.

2dg y432 4y 79 7p5g22g kl 12k77 12345678 6933k145gb. K f95542 9229fo 2dg g5gh8 p52k7 k 3gfgktg 9 3gk5y43fghg52: d-912g5, 2dg3gy43g, 24 lg5b hg 45g. 43bg31 93g 973g9b8 6ktg5 y43 2d92 zp3z41g, 91 9g77 91 y43 y34tk1k451.

CINQUIÈME MISSIVE.

Tge vg kwx tkg ikbyy abfe vg hcnewy vke xrivefwei lgf tkwok te bfe biiexnyea wc vkwi abcdefghi fevfebv! lgh cgvkwcd obc jfgveov kwx lfgx vke lhfr gl ghf zhiv feuecde.

LANGUE LATINE.

CHAPITRE SEPTIÈME.

LANGUE LATINE.

Quoique la langue latine ne compte plus maintenant dans le nombre des langues vivantes, nous avons cru bien faire de lui assigner une place dans cet ouvrage, non-seulement parce qu'elle est très-répandue dans le monde ecclésiastique et usitée à la cour de Rome, mais parce qu'elle peut nous aider beaucoup à traduire quantité d'anciens manuscrits, qui reposent en abondance dans un grand nombre d'archives; lesquels, quoique tracés pour la plupart au moyen de caractères gothiques, sont en grande partie écrits en langue latine.

ALPHABET.

a b c d e f g h i j k l m n o p q r s t u v x y z.

Lettres plus usitées : I, E, ensuite T, U, A, S.

Moins usitées : Z, Y, J, K, G, X.

DIPHTHONGUES.

œ, *ph* et *æ*, cette dernière est la plus usitée.

DOUBLES CONSONNES.

bb, *cc*, *dd*, *ff*, *gg*, *ll*, *mm*, *nn*, *pp*, *rr*, *ss*, *tt*.

Le redoublement en S est le plus fréquent.

MONOGRAMMES.

a, e, i, o,

Tous ces monogrammes se rencontrent fort rarement, à l'exception de l'A, qui est le plus usité.

BIGRAMMES LES PLUS USITÉS.

Et, ensuite : *in*, *ex*, *ac*, *ad*, *ut*, *me*, *tu*, *te*,
is, *ei*, *eo*, *hi*, *se*, *es*, *en*, *ob*.

Le bigramme *ii* se distingue des autres, étant le seul composé de deux mêmes lettres.

Deux mêmes bigrammes qui se suivent seront toujours : *ut ut.*

Trigrammes

QUI SE REPRODUISENT LE PLUS SOUVENT.

Abs	Ita	Deo	Ero	Sed	Ito	Hoc	Que
Ago	Mea	Dei	Eum	Sue	Rei	Nos	Qua
Aut	Mia	Ego	Meo	Vel	Sic	Pro	Qui
Eas	Qua	Eis	Mei	Cis	Sim	Vos	Quo
Eia	Sua	Est	Mea	Hic	Sit	Cui	Suo
Eam	Tua	Eos	Nec	Ita	Ubi	Cur	Tui
Hac	Una	Eus	Per	Ite	Uti	Eus	Tua

TRIGRAMMES QUI ONT UN REDOUBLEMENT FINAL.

Boo	Cii	Tii	Dii

QUI ONT LA PREMIÈRE LETTRE ÉGALE A LA TROISIÈME.

Aba	Ama	Ara	Ibi	Iri	Non	Oho	Ovo	Sis	Sus
Aea	Ana	Ehe	Ici	Ixi	Odo	Oro	Sas	Sos	Tot

Les trigrammes plus usités encore, parmi tous les autres, sont : *est*, ensuite, *sed* , *tum* , *qui* , *jam* et *non* , ce dernier est facile à remarquer.

Le trigramme *iis* est le seul qui commence par un redoublement.

Mots de quatre lettres

QUI ONT LA PREMIÈRE ÉGALE A LA TROISIÈME.

Abar	Bibe	Eheu	Icis	Nani	Ruri	Tuto
Abas	Bibo	Elei	Ilia	Nona	Ruro	Unus
Abax	Bubo	Elea	Ilis	Odor	Saso	Unum
Anas	Dido	Eres	Iria	Oloe	Susa	Usum
Aram	Edes	Exes	Itio	Olor	Teta	Vivo
Arax	Egeo	Exeo	Ixio	Pepa	Tota	Viva
Atax	Eges	Exer	Mima	Pupa	Toti	Ziza
Azan	Ehem	Ibis	Nans	Rura	Tute	»

QUI ONT LA PREMIÈRE LETTRE ÉGALE A LA QUATRIÈME.

Abra	Alea	Ansa	Asta	Eare	Meum	Ordo
Acta	Alga	Apta	Atra	Eone	Obdo	Orno
Aera	Alia	Apua	Auga	Erse	Obeo	Suas
Afra	Alma	Aqua	Aula	Euge	Octo	Spes
Agea	Aloa	Arca	Aura	Evoe	Opto	Suos
Agna	Alta	Area	Ausa	Iasi	Orbo	Trit
Alba	Amia	Arma	Avia	Indi	Orco	»

Il est important de faire observer que les lettres égales dans tous ces mots sont toujours des voyelles, à l'exception des quatre derniers mots et de *meum*. Ceux en A sont les plus abondants.

MOTS QUI ONT LA DEUXIÈME LETTRE ÉGALE À LA QUATRIÈME.

Bala	Dama	Hebe	Maga	Novo	Saba	Vaga
Bata	Dana	Here	Mala	Osus	Saga	Vana
Bene	Diei	Hili	Mele	Pala	Sana	Vara
Bini	Divi	Holo	Mere	Para	Sapa	Vere
Cana	Dixi	Homo	Mihi	Pava	Sada	Vidi
Cara	Dolo	Jana	Misi	Pene	Sede	Vici
Cata	Domo	Joco	Moto	Pete	Sibi	Vini
Cava	Dono	Lada	Nala	Pici	Sici	Viri
Cete	Elul	Lama	Napa	Pili	Sili	Visi
Civi	Faba	Lana	Nata	Pisi	Sini	Vixi
Coeo	Fama	Lata	Nava	Raia	Siti	Voco
Cogo	Fata	Laxa	Neve	Rana	Sono	Volo
Colo	Fere	Lege	Nili	Rapa	Tama	Vomo
Como	Fixi	Lene	Nisi	Rege	Tana	Voro
Coxo	Gaza	Lici	Nixi	Risi	Tibi	Zama
Caia	Hama	Lini	Nodo	Rodo	Tini	»
Daca	Hara	Loco	Nolo	Rogo	Tono	»

A l'exception des mots *elul* et *osus,* les lettres égales sont encore ici toujours des voyelles.

MOTS QUI ONT UN REDOUBLEMENT MÉDIAL.

Addo	Caas	Ille	Inno	Olla	Tuus
Anne	Dees	Illa	Issa	Olli	Tuum
Anno	Ecca	Illo	Isso	Ossa	Suum
Asso	Enna	Imma	Occa	Ossi	Ulla
Baal	Erro	Immo	Offa	Quum	Ussi

MOTS QUI OUTRE CE REDOUBLEMENT MÉDIAL ONT LA PREMIÈRE LETTRE ÉGALE A LA QUATRIÈME.

Anna Assa Atta Ecce Esse Illi Issi Suus.

MOTS QUI ONT UN REDOUBLEMENT FINAL.

Abii, Adii, Alii, Boii, Gaii, Odii, Oxii, Uxii.

Ces redoublements, ainsi qu'on le voit, sont toujours des I.

MOTS QUI ONT DEUX MÊMES LETTRES QUI SE RÉPÊTENT.

Arar	Cici	Isis	Nana	Roro	Tata
Bibi	Didi	Mimi	Papa	Sese	Usus.

Mots de cinq lettres,

QUI EN ONT TROIS DE LA MÊME VALEUR.

Abasa	Amata	Arata	Egere	Emere	Inivi	Onoro
Alata	Araba	Edere	Elere	Irini	Inibi	Odoro.

QUI ONT TROIS MÊMES LETTRES Y COMPRIS UN REDOUBLEMENT.

Assis	Cicci	Cixii	Ircii	Ligii	Ossis	Pixii
Assas	Cilii	Error	Issus	Mamma	Pappo	Simii
Assus	Cisii	Filii	Lallo	Milii	Pappi	Tutta.

QUI ONT UN REDOUBLEMENT ENTRE DEUX MÊMES LETTRES.

Abbas	Cirri	Gamma	Mappa	Passa	Ullus
Addas	Collo	Gibbi	Massa	Porro	Vacca
Bacca	Esset	Hippi	Matta	Ralla	Villi
Belle	Fassa	Illic	Milli	Sarra	»
Canna	Fissi	Illix	Nacca	Villi	»
Cassa	Fosso	Lappa	Palla	Talla	»
Cippi	Galla	Lissi	Parra	Tollo	»

Les mots *accii* et *addii* sont les seuls qui aient deux redoublements.

Mots de six lettres,

OU IL S'EN TROUVE TROIS DE LA MÊME VALEUR.

A	Amasia	Baiana	Malaca	Salara	Hebene
Abavia	Amania	Batala	Mazaca	Salata	Petere
Abagea	Anatas	Cabala	Mazara	Sarasa	Sedere
Abrasa	Ansata	Catala	Napata	E	Semele
Acarna	Arabia	Camara	Pagana	Cevere	I
Adacta	Aranea	Cataia	Pagasa	Delere	Bidini
Adamas	Ararat	Catana	Palata	Demere	Bidici
Adarca	Arcana	Cavana	Parata	Derere	Bigiti
Aduada	Armata	Gabala	Patata	Electe	Divini
Agatha	Atavia	Gabata	Patara	Eluere	Finivi
Agnata	Ataxia	Hamata	Sabaia	Emeres	Ibicis
Alaria	Athara	Lanata	Sabana	Exuere	Ibidis
Alanda	Atrata	Lavata	Sagana	Fetere	Indici
Albana	Aurata	Laxata	Sagata	Gerere	Indidi

Incidi	Invidi	Militi	O	Obsono	S
Infixi	Isiaci	Ricini	Coloro	Odoror	Sestos
Inigis	Libici	Sibili	Corono	Soporo	Sestus
Initia	Linivi	Sibini	Oboleo	R	Suasus
Initio	Minimi	Sitivi	Obrodo	Rorare	Suscis
Insiti	Nihili	Ticini	Obrogo	Rurare	»

Quelques-uns de ces mots seulement ont les lettres égales en R ou en S. Dans tous les autres mots ces lettres sont toujours des voyelles.

Les mots suivants méritent d'être remarqués à cause de leur construction particulière, savoir :

Dididi, *Succus*, *Sessus*.

Les mots suivants ont trois mêmes lettres et un redoublement :

Allata, *Assata*, *Eccere*, *Illisi*, *Immisi*, *Irrisi*, *Oppono*.

Cinq mots ont deux redoublements, savoir :

Annuus, *Annuum*, *Deerro*, *Deesse*, *Ossuum*.

Mots de sept lettres

QUI EN ONT TROIS DE LA MÊME VALEUR ET UN REDOUBLEMENT.

Abbatia	Corrogo	Illidis	Immisit	Navarra
Appacta	Deferre	Illimis	Immitis	Rorarii
Appiana	Diffidi	Illinio	Irripio	Saccata
Baccata	Farrata	Illinis	Irrisio	Sarraca
Colloco	Hirrivi	Imminis	Lassata	Sarrana
Commodo	Illicio	Immimis	Lippivi	Tollono
Commoro	Illicis	Imminxi	Massaga	Vallata.

QUI EN ONT QUATRE DE LA MÊME VALEUR.

Emerere, *Egerere*, *Exerere*, *Scissis*, *Scissus*, *Spissas*, *Spissus*.

QUI ONT DEUX REDOUBLEMENTS.

Accessi	Appello	Eccilla	Occessi	Occurro
Accessa	Assicco	Effossa	Occillo	Offerre
Accisso	Attollo	Immitto	Occurri	Suummet.

Mots de huit lettres

QUI EN ONT QUATRE DE LA MÊME VALEUR.

Alabanda	Derepere	Exercere	Assensus	Sesselis
Anataria	Deserere	Repetere	Assistis	Sessitas
Apparata	Detegere	Illinivi	Essistus	Sessurus
Patarana	Detexere	Amalgama	Insassus	Sicilivi
Sarabala	Exterere	Sicilici	Irrorare	Subsessa.

QUI ONT DEUX REDOUBLEMENTS.

Accessio	Allasson	Diffluus	Occalleo	Succullo
Accessor	Appellas	Effossio	Occiduus	Succurro
Accessit	Appellis	Effossor	Occillas	Successi
Aggressa	Commissa	Effossus	Occurris	Suffossa
Assiccas	Deerrare	Immissio	Oloosson	Suggillo
Assiduus	Deffluus	Immittis	Oppressa	Summusso
Accessus	Defferre	Innocuus	Piissimo	Suppello
Ammellus	Deffissa	Irriguus	Successa	Tessello.

Et leurs dérivés.

Mots de cette langue

QUI ONT DEUX MÊMES REDOUBLEMENTS.

Accessisset	Assessor	Assessus	Possessionis
Assessis	Assessorius	Possessio	Possessor.

Et leurs dérivés.

Tous ces redoublements, comme l'on voit, sont en S.

Il est aussi essentiel de remarquer que si un seul chiffre précède le premier redoublement, ce chiffre sera toujours un A. S'il y a deux chiffres qui précèdent ce redoublement, le premier de ces chiffres sera toujours un P et le deuxième sera un O.

Le chiffre qui se trouve entre les deux redoublements sera toujours un E; celui qui suit le deuxième redoublement sera un I, un O ou un U.

MOTS QUI ONT UN REDOUBLEMENT MÉDIAL EN U.

Aedituus	Aspicuus	Continuus	Equulus
Aequus	Assiduus	Defluus	Equus
Ambiguus	Aurifluus	Deliquus	Exercituum
Annuus	Ceduus	Dividuus	Exiguus
Anticuus	Carduus	Duumvir	Fatuus
Arduus	Carnuus	Equulo	Februus

Genusuus	Menstruus	Pascuus	Quumque
Imperspicuus	Mortuus	Perpetuus	Reliquus
Ingenuus	Mutuus	Perspicuus	Succiduus
Iniquus	Nocuus	Profluus	Suusmet
Innocuus	Occiduus	Promutuus	Vacuus
Irriguus	Ossuum	Propinquus	Viduus.

Et tous leurs dérivés.

MOTS QUI ONT UN REDOUBLEMENT MÉDIAL EN O.

Bootes	Cooperor	Coortus
Coopero	Coopertus	Olossoon
Cooperator	Cooperatio	Sootus
Cooperculum	Cooptatus	Sooti
Cooperimentum	Coopto	Zoophthalmus
Cooperio	Coorior	Zoroonda.

Et tous leurs dérivés.

MOTS QUI ONT UN REDOUBLEMENT MEDIAL EN E.

Anteeo,	Deerras,	Deerrare,
Deerro,	Deerravi,	Eleemosina.

Et leurs dérivés.

Peu de mots ont un redoublement médial en I; nous ne saurions en citer que quelques-uns, tels que :

Diiambus, *Diiambi*, *Piissimus*, *Piissime*, etc.

Mais en revanche il est un nombre considérable d'autres mots dont le redoublement en I se trouve final. Nous omettrons tous ces mots. Nous nous bornerons seulement à dire que dans la langue latine un redoublement final sera toujours en I. Nous consignerons plus bas de plus amples explications sur ces redoublements.

Le redoublement en A n'est que très-rarement usité; on ne le retrouve que dans quelques noms propres appartenant à l'histoire ancienne, comme :

Balaam, *Chanaam*, *Isaacus*, etc.

Le nom de ville *Laaas* est le seul qui ait un triple A.

Remarques générales.

La langue latine n'a pas d'apostrophes.

Les mots de cette langue sont terminés, le plus communément, par T, S, M ou E, I, O.

La lettre qui précède le T final est ordinairement N, I ou A.

Celle qui précède l'M sera A, E ou U, ce dernier de préférence; très-rarement un I.

Ainsi, si l'avant-dernier chiffre d'un mot est un A, le chiffre final sera ordinairement T, M ou S.

Si c'est un I, le final sera S ou T, celui-ci de préférence.

Si c'est un O, le final sera S ou R.

Et si c'est un U, le final sera M ou S.

Lorsqu'un redoublement précède le pénultième chiffre du mot, et que le chiffre final est pareil à ceux qui composent le redoublement, ces derniers, ainsi que le chiffre final, seront toujours des S; et le pénultième chiffre sera un U, et quelquefois un I, comme en :

Confessus, Ingressus, Egressus; Dimissis, Promissis.

Le chiffre qui se trouve entre le redoublement et le chiffre final peut être encore un E; mais seulement dans quelques cas peu usités, comme en *Manasses*, etc.

Si le chiffre final d'un mot est semblable à celui qui précède l'avant-dernier chiffre et qu'il ait, par exemple, cette terminaison $x+x$, elle sera généralement *ere*, *sis*, *sus*, ou *ivi*, *ata*, *mum*, *mam*, comme :

Erigere	*Adversus*	*Gravissimum*	*Famam*
Mensis	*Finivi*	*Gravata*	*etc.*

Enfin, si le chiffre final d'un mot est le même que celui qui précède le pénultième, et que ce pénultième chiffre soit égal au troisième avant-dernier; qu'il ait, par exemple, cette autre terminaison, 8 h 8 h, elle sera ordinairement en *usus*, *rere*, *titi*, *tata*, ou *didi*, comme dans les mots :

Frausus, Miserere, Potiti, Hastata, Edidi.

Le Q est toujours suivi de l'U.

La lettre M précède assez souvent l'N.

Les lettres qui précèdent le T médial sont ordinairement les voyelles I, A, ou les consonnes S ou N.

Si l'I est le plus usité dans cette langue, l'E rivalise bien souvent avec lui ; nous n'avons que quelques données pour distinguer l'un de l'autre : nous nous bornerons donc à dire que lorsqu'il y aura une notable différence en plus dans la répétition d'un chiffre, celui-ci sera de préférence un I. S'il arrive que plusieurs chiffres se reproduisent à peu près dans le même nombre, il faudra recourir à d'autres moyens.

A l'exception du mot *inchoo,* un redoublement final sera toujours en I. Quelquefois ce redoublement est encore suivi d'un chiffre ; dans ce cas, ce dernier sera toujours un S ou un T, comme :

Filiis, Consiliis, Flagitiis, Cupiit, Prodiit, Subiit.

Si un redoublement précède l'S final, ce redoublement pourra être encore un U, comme en :

Arduus, Continuus, Mortuus, etc.

Si la lettre finale est un M, le redoublement sera en U et sans exception, comme dans les mots :

Ambiguum, Deliquum, Propinquum, etc.

Et *vice versâ*. Si le redoublement qui précède le chiffre final est en U, ce chiffre final sera un S ou un M.

S'il est en I, le chiffre final sera un S ou un T.

Il y a des cas où le redoublement en I se trouve isolé ou au commencement d'un mot, comme :

Iis, *Iisdem*, *ii Scilicet*, etc.

Trois mots seulement commencent par un redoublement en E; ce sont des noms propres, savoir :

Eetion, *Roi de Thèbes et père d'Andromaque.*

Eetiona, *Le promontoire du Pirée.*

Eetioneus, *Qui concerne Eetion.*

Il y a aussi des mots qui ont la désinence en *issimo*, *issima*, *issimus*, *issimum*. Ainsi, comme l'I est la lettre que l'on découvre ordinairement la première, lorsque nous verrons un redoublement entre deux I, et qu'après le deuxième I il y aura encore deux chiffres pour terminer le mot, nous pourrons tenir pour certain que le redoublement est en S; que l'avant-dernier chiffre est un M, et que le chiffre final est un O, un A ou un E, comme :

Amatissimo, *Candidissima*, *Acerbissime*, etc.

Si après le second I se trouvent trois chiffres au lieu de deux, et que le dernier soit semblable au redoublement, ce chiffre final sera un S, et la lettre qui le précède un U; si au contraire le chiffre final est semblable au troisième avant-dernier chiffre, c'est-à-dire à celui qui précède l'U, ceux-ci représenteront des M; exemple :

Gravissimus, *Longissimus*, *Pinguissimus*,
Amaenissimum, *Commissimum*, *Mendacissimum*, etc.

MOTS COMPOSÉS DE DEUX MÊMES SYLLABES.

Quidquid, *Quisquis*, *Quoquo*, *Tartar*, *Turtur*.

Missive en chiffres.

Kqphtvit yovvxyyhp ghuhoy, voh
1 2 3 4

qtsxq Xorkptz gohp Thv rkpxzqh
5 6 7 8 9

hq Aoekxty tehh ikxzxy, vtqpzk
10 11 12 13 14

xty shyhp Uhyhks, noh aks yxsxu
15 16 17 18 19 20

chvpoy k Aoek, ikqv skvouks vor-
21 22 23 24 25

hxlkp xuoxzx.
26 27

a b c d e f g h i j k l m n o p q r s t u v x y z.

Avant d'entreprendre notre opération, nous commencerons par parcourir soigneusement tous les mots de la missive jusqu'à ce que nous en trouvions un qui nous présente quelque chance d'être entièrement découvert, ou bien celui qui nous permettrait de saisir la valeur d'une ou de plusieurs lettres. En suivant cette marche, nous nous arrêterons nécessairement au mot $\underset{12}{t\ e\ h\ h}$, qui n'est composé que de quatre lettres avec un redoublement final, et s'il nous est difficile, dans les mots de cette catégorie, de deviner lequel se trouve représenté par celui-ci en chiffres, nous aurons toujours la certitude que le redoublement final est en I. Marquons donc un I sur tous les H. Maintenant continuons à parcourir, en les examinant attentivement, les autres mots de la missive, et arrêtons-nous encore au mot $\underset{22}{k}$. Celui-ci est un monogramme ; les monogrammes sont au nombre de quatre; mais ils se rencontrent fort rarement, à l'exception de l'A, qui se reproduit même assez souvent. Marquons A sur tous les K, et poursuivons. Le chiffre Q, au bigramme $\underset{10}{h\ q}$, ne peut représenter qu'un N, par la raison que *in*, non-seulement est le plus commun parmi les bigrammes qui commencent par I, mais encore parce qu'il est, entre tous, le plus usité après *et*. Ainsi nous n'avons pas à hésiter, le Q ne peut être qu'un N, marquons-le.

Le P final, dans les mots qui surmontent les numéros 2, 7 et 16, est précédé par un I. Ce chiffre final doit être T ou S, mais si nous nous en rapportons aux remarques que nous avons faites à cet égard, c'est un T qu'il représente : donnons-lui donc cette valeur.

Il pourrait se présenter des circonstances où la construction d'une période ne permît pas de mettre en pratique les règles de cette théorie dans toute leur simplicité, et qu'il fallût recourir à des moyens plus compliqués pour arriver à ce résultat; nous en donnons plus bas un exemple, il suffira, nous l'espérons, pour démontrer que s'ils présentent quelques obstacles aux commençants, un praticien parviendra facilement à les surmonter.

Si au moyen des lettres A, I, N, T, que nous avons déjà découvertes nous ne parvenions pas à traduire la missive qui fait l'objet de notre étude; si les règles ordinaires qui nous commandent de procéder d'abord par les monogrammes, les bigrammes et les trigrammes, par la raison qu'ils sont plus faciles à expliquer, étaient également impuissantes et nécessitaient le secours des moyens compliqués; si enfin, des quatre signes représentants les lettres A, I, N, T, nous ignorions encore la valeur de l'I et du T, ce qui rendrait le travail plus obscur, et la tâche plus difficile, voici la manière dont nous procéderions :

Nous retrancherions pour un instant le chiffre final du deuxième mot de la missive, lequel est de neuf lettres, y compris deux redoublements *y o v v x y y h p*, et nous irions chercher parmi les mots de huit lettres celui qui aurait la première lettre égale au deuxième redoublement, observant que ce redoublement précédât un I; qui eût enfin la même construction que le mot en chiffres, et nous arriverions certainement à quelque bon résultat. En effet, nous trouvons parmi les mots de huit lettres les mots *successi* et *successa* : ajoutons à ces mots le T final que nous avons retranché momentanément, nous aurons *successit* et *successat;* mais comme ce dernier ne se dit pas en latin, nul doute que le mot en chiffres ne soit *successit.*

Cependant, comme nous supposons n'avoir pas trouvé l'I ni le T, dans ce même mot, il pourrait encore représenter les mots *successio*, *successor*, ou *successum;* mais dans tous les cas, nous aurions toujours trouvé l'S, l'U, le C et l'E. Nous partirions de cette hypothèse et nous marquerions S sur tous les Y, U sur tous les O, C sur tous les V, et E sur tous les X; cela fait, nous pourrions avoir la valeur du T,
e s
dans le mot *x t y*, ce trigramme devant représenter les
15
mots *ens* ou *eos;* mais ayant déjà trouvé l'N, le mot sera *eos.*

e u a t o c o n t a
Dans les mots *x o r k p t z* et *v t q p z k*, le Z n'est-il
6 11
pas à la place de l'R? et l'U, au 27e mot, ne remplace-t-il pas L, pour *eluere*? Le chiffre S, qui commence et qui finit le vingt-cinquième mot, est un M, pour faire *maculam.*

Quelle est la valeur de l'I dans les mots 1er, 8e, 13e et 24e, si ce n'est pas la lettre H? Quand même nous parcourrions le reste de l'alphabet, nous n'en trouverions pas d'autres qui nous donneraient un sens. En continuant la même marche pour les quelques lettres qui nous restent encore à découvrir, nous en trouverons la valeur sans peine, et nous aurons la traduction suivante de la missive :

Antiocho successit filius, cui nomen Eupator fuit. Hic paterni in Judeos odii haeres, contra eos misit Lisiam, qui jam semel victus a Juda, hanc maculam cupiebat eluere.

Toutes les langues, à l'exception de la langue latine,

possèdent une ou deux lettres que l'on peut reconnaître sans le moindre effort, parce qu'elles sont toujours les mêmes qui se reproduisent davantage. Dans une phrase ou un discours latin nous remarquons quelquefois, au contraire, plusieurs lettres qui, employées en nombre à peu près égal, introduisent le doute et multiplient les difficultés.

Ce qui peut faire considérer aussi la langue latine comme une des plus difficiles à déchiffrer, c'est qu'elle manque de certaines données, qui, dans les autres langues, permettent de reconnaître la valeur positive de plusieurs lettres à la fois; c'est en raison de ces considérations que nous renvoyons le lecteur à la traduction de notre deuxième missive; nous la déchiffrerons entièrement, et nous aurons soin de lui donner d'amples explications afin de bien pénétrer la marche qu'il est nécessaire de suivre dans les cas difficiles et exceptionnels.

Pour les missives latines nous n'avons pas suivi le même système que pour les autres langues, c'est-à-dire celui de nous créer des missives. Et cela pour une raison aussi simple que facile à expliquer.

Chaque fois qu'il m'a été remis quelques énigmes latines à résoudre, elles me sont parvenues par des ecclésiastiques, et elles se composaient, soit d'un verset de psaume, d'un couplet de cantique ou de quelque passage de la Bible; et ce n'était pas, à vrai dire, ce qui m'embarrassait le moins.

Ordinairement, lorsque de but en blanc on vous donne

quelque chose à déchiffrer, c'est ou une question que l'on vous adresse, ou quelque chose qui vous regarde; mais jamais une question ardue ou baroque n'est soumise à votre appréciation, et dans ce cas, pour peu qu'on ait de tactique, on finit toujours par saisir le sens, parce qu'il dérive ordinairement des mots les plus familiers de la conversation. Mais ces messieurs procédaient différemment : afin, sans doute, d'en avoir plutôt fini, de s'épargner des frais d'imagination, ou dans l'espoir d'embarrasser davantage le déchiffreur, ils se rappelaient à la mémoire quelque chose qu'ils avaient appris par cœur, ou bien ils ouvraient un livre et adoptaient les premiers mots qui se présentaient à leurs yeux; et malheur à vous, si vous ne leur donniez prompte et complète satisfaction; votre embarras leur donnait plus de joie que vous ne leur procuriez de surprise en traduisant à première vue leur mystérieuse épître.

Voici, à ce propos, un épisode dont je conserverai longtemps le souvenir :

Je me trouvais un jour dans une nombreuse et brillante société; on s'entretenait de l'utilité de déchiffrer les correspondances secrètes, et l'on admirait la facilité avec laquelle j'avais plusieurs fois donné la traduction exacte d'écritures en chiffres dont je ne connaissais pas même la langue. Il se trouvait entre autres étrangers, dans cette réunion, un officier français, et M. le curé de X. . . ., homme fort respectable, du reste, et par son âge et par son caractère. Ces messieurs, qui paraissaient désirer infiniment de voir quelques expériences de cet art, qu'ils appelaient mystérieux, engagés, d'ailleurs, par la dame de la maison, écrivirent chacun une phrase. Voici le compliment d'à-propos que l'officier français m'adressa dans cette circonstance :

Si vous lisez cette phrase, je vous regarde comme un sorcier.

Eh bien, je fus sorcier en moins de cinq minutes. Le mot *vous* deux fois répété ; les mots *cette*, *comme*, *si*, *je*, etc., ne me laissèrent pas le temps de les examiner, que j'en avais déjà saisi le sens.

Il n'en fut pas ainsi de la phrase que me donna M. le curé. Je finis cependant par la traduire : *Repulsus ille veritatis viribus.* Où avait-il puisé le vers ? . . . dans la fable LUPUS ET AGNUS !

J'eus beau lui faire observer d'abord que la phrase écrite dans une langue qui ne m'était pas tout à fait familière était trop courte pour être traduite à la minute, qu'il m'aurait fallu quelque temps pour y parvenir ; je le suppliai en conséquence, et quelques dames s'unirent à moi, de m'écrire quelques mots encore, afin d'ajouter au sens de la phrase, m'engageant de la déchiffrer à l'instant même : il fut inexorable, et il me répétait sans cesse que c'était une phrase complète et en très-bon latin. J'avoue que l'obstination de ce prêtre me fit craindre un moment un piége tendu à ma réputation, et je ne souffris jamais autant qu'en présence de cette assemblée, où l'on avait fait mon éloge un instant avant mon arrivée. Enfin, Mlle Léontine qui était près de moi, et qui n'avait cessé de me défendre pendant toute la durée de ce débat orageux, y mit heureusement fin par une sortie empreinte d'une naïveté apparente, mais dans laquelle je soupçonnai un peu de malice ; ma reconnaissance pour le service qu'elle me rendit me fait un devoir de la transcrire : elle s'adressa à M. le curé, en disant : « En voilà des malins, ils veulent que l'on devine par force. »

C'est à cause de cet événement que j'ai puisé dans l'Epitomæ Historiæ sacræ l'objet de mes missives latines.

DEUXIÈME MISSIVE EN CHIFFRES.

Zqgd3, a3l2xk2g q9h2odg s87-
1 2 3

83gk2h83 sqsd72g, P3o683qg 2h
4 5 6 7

g3a3 a3gk2h8k8 vq77qx8l2k :
8 9 10

8m6qg 3k qss2a8 x8sk8 g2hmd72g
11 12 13 14 15

k62odoeg a2l2g2k, 3k 9q6kddg
16 17 18 19

3gk.
20

a b c d e f g h i j k l m n o p q r s t u v x y z.

Nous allons opérer la traduction de cette missive d'une manière toute particulière, c'est-à-dire, rien qu'au moyen des comparaisons ; on aura ainsi la conviction qu'une missive, quelque difficile qu'elle soit, peut toujours être déchiffrée, lors même qu'on ignorerait la langue dans laquelle elle est écrite. Écartons-nous donc, pour un moment, des principes que nous avons adoptés jusqu'ici, et cherchons les difficultés. Si nous parvenons à les surmonter, l'art de déchiffrer deviendra pour nous un simple jeu, un agréable délassement.

Nous remarquons que dans cette missive se trouve deux fois répété le bigramme 3 *k*. Or, si nous suivons à la lettre les éléments de notre méthode, il y aurait à parier que ce bigramme représente le mot *et*, celui-ci étant très-usité dans la langue latine ; mais, en admettant des doutes, il pourrait être aussi *in*, ou bien quelque autre moins usité. Alors, pour nous assurer de sa juste valeur, nous devrons comparer les chiffres qui le composent avec les autres chiffres de la missive, en lui attribuant tantôt la valeur de l'un, tantôt la valeur de l'autre. Commençons par lui attribuer celle de *in*, et voyons ce qui en résultera.

Dans le dernier trigramme de la missive, $\underset{20}{3\,g\,k}$, nous voyons employés les deux chiffres formant le bigramme que nous supposons être *in* : l'I serait la première lettre du bigramme, N la troisième. Maintenant, en recherchant quel est le trigramme qui commence par I et finit par N, nos soins aboutissent à nous faire découvrir le seul mot *ion*. Mais il n'y a aucune probabilité que le chiffre G puisse représenter un O dans le trigramme $\underset{20}{3\,g\,k}$, attendu que cette lettre, qui n'est pas une des plus usitées de la langue, terminerait ici les mots 2e, 3e, 5e, 6e, 11e, 15e, 16e et 19e ; et il est impossible d'admettre que dans un paragraphe aussi court, il puisse se rencontrer autant de mots ayant la lettre finale en O. Nous arriverons naturellement à conclure que le G pourrait représenter de préférence un S, un T ou un M, et que le chiffre 3, que nous supposons devoir être un I, pourrait bien aussi changer cette prétendue valeur contre celle de l'E ; partant donc de cette hypothèse, nous dirigerons notre attention sur les bigrammes commençant par E, ayant soin de surmonter tous les chiffres 3 de cette lettre.

Arrivons maintenant au chiffre K dans le même trigramme $\overset{e}{\underset{20}{3}}\,g\,k$: si nous continuons à procéder contrairement aux règles primitives de cette science, nous lui attribuerons la valeur d'un A, d'un I, d'un M, d'un N, d'un O, d'un U ou d'un X ; mais qu'en résulterait-il ? que nous ne tarderions pas à nous convaincre que ces détails, bien loin d'activer nos recherches, multiplieraient nos embarras. En effet, l'application d'une de ces lettres nous donnerait pour résultat des mots privés de sens, ou les mots : *eba*, *eia*, *ela*, *eva* ; *egi*, *eli*, *emi*, *eni* ; *eum* ; *edo*, *ego*, *eno* ou *ero*, lesquels ne se prêtent nullement au sens de notre missive ; mais d'ailleurs, à l'égard des lettres médiales B, I, L, V, D, G, M, N, U, R, ne pourrions-nous pas reproduire les mêmes raisons que nous avons adoptées plus haut pour les O ? Ces raisons nous semblent très-fondées et nous les admettons. Si, agissant d'après les probabilités, nous accordions au K la valeur d'un T, à l'instant nous verrons le doute se dissiper et notre missive prendre un aspect favorable ; le bigramme sera *et*, puis en substituant un S au G, nul doute que le mot $\overset{e}{\underset{20}{3}}\,g\,k$ ne représente le trigramme *est* ; ce qui vient encore nous confirmer dans cette opinion, c'est que le bigramme *et* et le trigramme *est* sont les plus usités dans cette langue.

Le chiffre 2 quinze fois répété dans la missive ne peut être qu'un I, cette voyelle étant ordinairement le plus fréquemment employée.

Le redoublement qui se trouve entre le T et l'S dans le mot $9\ q\ 6\ \overset{t}{\underset{19}{k}}\ d\ d\ \overset{s}{g}$ est formé par des voyelles. Nous avons dit ailleurs, on se le rappelle, qu'un redoublement qui précède l'S final sera toujours en I ou en U ; mais comme l'I est trouvé, le redoublement de ce mot sera en U. Marquons encore cette lettre au-dessus du chiffre qui lui correspond.

Le bigramme $\overset{i}{\underset{7}{2}}\ h$ sera *in*, par la raison que ce bigramme est, comme nous l'avons déjà dit, le plus usité après *et*.

Le chiffre 8 dans le mot $a\ \overset{e}{3}\ \overset{s}{g}\ \overset{t}{k}\ \overset{i}{\underset{9}{2}}\ \overset{n}{h}\ 8\ \overset{t}{k}\ 8$ ne prendrait-il pas la valeur de l'A, pour faire *destinata ?* Il n'y a pas de doute. Et puisque nous avons trouvé les voyelles A, E, I, U, le Q qui précède l'S final dans les mots $P\ \overset{e}{3}\ o\ 6\ \overset{a}{\underset{6}{8}}\ \overset{e}{3}\ q\ \overset{s}{g}$ et $\overset{u}{8}\ m\ \underset{11}{6}\ q\ \overset{s}{g}$ ne serait-ce pas la voyelle qui nous manque ?... un O ? Ce qui corrobore surtout notre raisonnement, c'est que nous ne saurions vraiment par quelle autre lettre le remplacer d'une manière convenable.

Si nous comparons le chiffre L du dix-septième mot avec celui du dixième, nous verrons qu'il remplace le V dans le premier. L'X au deuxième mot est à la place du C. Le redoublement qui se trouve au dixième mot est en L.

Les P qui manquent aux 4e, 5e, 13e et 14e mots y sont remplacés par des S.

Nous laissons au lecteur à déchiffrer le reste.

TROISIÈME MISSIVE.

Dans cette missive nous ne ferons qu'indiquer les mots par lesquels il faudra en commencer l'exercice, ainsi que nous l'avons fait précédemment pour les autres langues. Nous laisserons aux amateurs l'agrément de continuer.

Cfrov	Goht	gydyc	Aogobvy:	vby
1	2	3	4	5
bjkt	otc	cymy	cbc	ryxxymkt
6	7	8	9	10
qbryvkr;	gyryttyt	nfocoiyt,	iocy-	
11	12	13	14	
vo	cfvckr	cionovcbt	lyibt,	vo
	15	16	17	18
lyncbiyfr	tkfo	lyickcy	ciymkfvc,	
19	20	21	22	
vbv	jbcovcyfo	Gylyvfo.		
23	24	25		

On ne saurait se dispenser de reconnaître les I dans cette missive, car nous voyons un chiffre qui surpasse de beaucoup les autres en nombre. Ce chiffre est l'Y. Le redoublement qui se trouve au douzième mot, lequel est formé par deux chiffres égaux au chiffre final, ne sera pas difficile à reconnaître. Après avoir marqué sur tous les T la lettre qui leur correspond, nous prendrons les mots 5e et 23e ; ensuite les mots 8e et 9e, que nous devrons comparer à la finale des mots 3e et 22e, et ainsi successivement.

QUATRIÈME MISSIVE.

‖ 7 ⌢ ⌢ 5 p p 9 h 8 ⌣ = 9, 1 2 c o 9 2 3
d 8 p 3 p 8 = q : q o 2 p d 3 g 3 3 o 2 ⌣ 3 p
3 = 9 ‖ 3 2 ‖ 2 ‖ 3 × 2 o 8 = q : P 9 8 g
3 h p 2 2 y 2 f 8 7 × 2 g 9 h p 8 p, = 2
) 3) p 3 = h 7 q 2 p q 9 q 2 ⌢ 1 7 p q 3 8 ⌢
) 2 = 3 0 2 9, 8 = 3 ‖ 7 ⌢ 3 9 8 ⌢ g 9 q 8 p
q 0 9 = p d 7 × 3 2 = × 8 ⌢ h o 9 2 c 8 3 q.

CINQUIÈME MISSIVE.

Oxksbl Ikhiaxmdx fhmnl Vdoby
tneidf dzghobm xm thgyxllnl
xlm. Tnb ikhiaxmd: mbsb bgbjn-
bm, Vxnl thgvhgdm ixttdmnf
mnnf: dmmdfxg ybebnl jnb gd-
mnl xlm mbsb fhkbxmnk.

LANGUE ITALIENNE.

CHAPITRE HUITIÈME.

LANGUE ITALIENNE.

La langue italienne a beaucoup de rapports avec la langue latine ; la différence la plus notable est que les mots de la première se terminent indistinctement par des voyelles, tandis que les mots de la langue latine terminent tantôt par des voyelles et tantôt par des consonnes.

L'alphabet de la langue italienne se compose de vingt-deux lettres, savoir :

a b c d e f g h i j l m n o p q r s t u v z

Toutes les consonnes se doublent dans cette langue, à l'exception des H, J et Q.

Après les voyelles E, I, A, O, qui sont les plus usitées, se trouvent les consonnes L, N, R, S.

On rencontre quelquefois aussi les lettres K, X et Y, mais ce n'est que très-rarement, et seulement dans des mots dérivant des langues étrangères.

Monogrammes : A, E, I, O.

Bigrammes plus usités.

Ad, ai, al, la, ma, ce, ed, le, me, ne, se, te, ve, ci, di, il, in, io, li, mi, si, ti, vi, tu.

Trigrammes les plus usités,

OU SE TROUVE SPÉCIALEMENT LA VOYELLE A.

Ami	Dal	Età	Fra	Mai	Mia	Qua	Tua
Amo	Dai	Far	Già	Mal	Ora	Sua	Una

OU SE TROUVE LA LETTRE E.

Bel	Che	Del	Mie	Nel	Pei	Sei	Tue
Ben	Dei	Due	Nei	Pel	Per	Sue	Ver

OU SE TROUVE LA LETTRE **I**.

Chi	Cui	Gli	Lui	Più	Sui
Ciò	Dio	Lei	Mio	Qui	Voi

OU SE TROUVE LA LETTRE **O**.

Con	Lor	Poi	Può	Suo	Voi
Col	Ore	Pro	Sol	Tuo	Uno

Maintenant que nous avons fait connaître les bigrammes et les trigrammes les plus usités de cette langue, nous pourrions nous abstenir, ce me semble, de faire les mêmes remarques que nous avons faites sur les autres, à l'égard de ces mêmes mots. Cependant nous ne croyons pas inutile de renouveler ici quelques-unes de ces remarques, qui peuvent nous conduire parfois à de rapides découvertes.

S'il y a deux bigrammes qui se suivent, et que le deuxième chiffre du premier bigramme soit égal au deuxième du second, en supposant que ces deux chiffres finaux soient des A, les mots seraient *da la*, *fa la*, *ha la*, *ma la*, *sa la* ou *va la*.

Si les chiffres ci-dessus, au lieu d'être des A, étaient des E, les bigrammes seraient *ce le*, *me le*, *ne le*, *se le*, *se ne*, *te ne*, *te le*, *ve le*, *ve ne*; mais dans ceux-ci nous commencerions par établir que le premier chiffre du second bigramme représente un L ou un N.

Si trois bigrammes qui se suivent ont le même chiffre final, ce sera : *se ce le, se me le, se te le, se ne le* ou *se ve le*. Nous saurons ainsi que le premier chiffre du premier bigramme est un S, que le premier chiffre du troisième est un L, et que les chiffres finaux de ces trois bigrammes sont des E.

Si les premiers chiffres de deux bigrammes sont des E, les mots seront *ed ei*.

Si le premier chiffre de ces deux bigrammes n'est pas un E, ce sera un S, et quelquefois un T, et les mots seront *se sa, se si, se so, si sa; tu ti* ou *tu te*.

Si le deuxième chiffre de chaque bigramme est un O, les mots seront *io do, io ho, io lo, io no, io so, lo so, lo do* ou *lo vo*. Dans tous ces cas le premier chiffre du premier bigramme serait un I ou un L.

Si c'est un N, les mots seront *in un*.

Si O est le premier chiffre du premier bigramme et le second du deuxième, les mots seront *or do, or ho, or lo, or no, or so, or vo*. Il est à remarquer que *or* est une abréviation de *ora* (*maintenant*).

Lorsqu'on a trouvé l'O, si le premier chiffre du premier bigramme est égal au second du deuxième, ces chiffres seront des I, et les mots seront *il di, io ci, io li, io mi, io si, io ti* ou *io vi*.

Si c'est le deuxième chiffre de chaque bigramme qui est un I, ce sera *di si.*

Les trigrammes qui se rencontrent le plus fréquemment sont : *che*, *chi*, *ciò*, *gli*, *per*.

TRIGRAMMES QUI ONT LA PREMIÈRE LETTRE ÉGALE A LA TROISIÈME.

Aja	Ama	Iti	Non	Omo	Oso
Ala	Ere	Ivi	Odo	Oro	Ovo

Les trigrammes *pii* et *zii* se font remarquer par leur redoublement final en I.

Mots plus usités de quatre lettres

QUI ONT LA PREMIÈRE ÉGALE A LA TROISIÈME.

Amar	Nona	Raro	Vive
Babo	Pipa	Viva	Vivo

QUI ONT LA PREMIÈRE LETTRE ÉGALE A LA QUATRIÈME.

Alba	Apra	Aura	Eroe	Odio	Orlo	Orto	Agra
Alma	Aria	Ente	Euge	Olio	Orno	Orzo	Elce
Alta	Arsa	Erbe	Indi	Orbo	Orso	Ozio	Olmo

QUI ONT LA DEUXIÈME LETTRE ÉGALE A LA QUATRIÈME.

Bada	Lava	Zana	Nere	Vece	Fili	Visi	Noto
Cana	Nata	Aere	Neve	Vete	Fisi	Coro	Poco
Cara	Paga	Bene	Refe	Vele	Giri	Dono	Pomo
Casa	Sala	Beve	Rese	Vene	Lidi	Dopo	Solo
Dama	Sana	Deve	Rete	Vere	Miei	Loco	Sono
Fama	Sara	Fede	Sede	Cibi	Siti	Loro	Toro
Gala	Vaga	Mele	Seme	Fini	Vili	Modo	Uomo
Lana	Vana	Mese	Sete	Fidi	Vini	Moto	Uopo

MOTS QUI ONT UN REDOUBLEMENT MÉDIAL.

Alle	Anno	Asse	Atte	Ebbi	Esso	Essi	Ossi
Anni	Appo	Attò	Atti	Ella	Essa	Ossa	Oggi

Les mots *alla*, *anna*, *atta*, *ebbe*, *esse*, *inni*, *otto* et *osso*, outre le redoublement médial, ont aussi la première lettre égale à la quatrième.

MOTS COMPOSÉS DE DEUX MÊMES SYLLABES.

Cece	Mama	Nanà	Nono	Papa	Pepe	Rara	Vivi

Mots de cinq lettres

QUI EN ONT TROIS DE LA MÊME VALEUR.

Agata	Amara	Amata	Avara	Osono	Odono	Erede

MÊMES MOTS QUI ONT UN REDOUBLEMENT ENTRE DEUX LETTRES DE LA MÊME VALEUR.

Assai	Palla	Tazza	Beffe	Dette	Nelle	Dotto	Pozzo
Bassa	Passa	Vacca	Belle	Gemme	Pelle	Fosso	Sommo
Cassa	Pazza	Zanna	Celle	Messe	Vizzi	Mosso	Sotto
Dalla	Razza	Zappa	Delle	Nette	Collo	Motto	Iddio

MOTS QUI ONT TROIS LETTRES DE LA MÊME VALEUR Y COMPRIS UN REDOUBLEMENT.

Babbi	Nonno	Sasso	Tutta
Babbo	Nonne	Sassi	Tutte
Mamma	Pappa	Sesso	Tutti
Mamme	Poppa	Sessi	Tutto

Le mot *ovvii* n'est pas sans être digne de remarque.

Mots de six lettres

QUI EN ONT TROIS DE LA MÊME VALEUR.

Andata	Canapa	Bevere	Sedere	Iniqui	Tisici
Arcata	Casata	Cedere	Tenere	Intimi	Vicini
Armata	Lavata	Celere	Civili	Lirici	Coloro
Avaria	Madama	Cerese	Divisi	Nimici	Comodo
Aurata	Malata	Fedele	Divini	Rigidi	Logoro
Basata	Pagata	Gemere	Fisici	Rigiri	Popolo
Cabala	Sanata	Genere	Incisi	Simili	Sonoro

QUI ONT TROIS LETTRES ÉGALES Y COMPRIS UN REDOUBLEMENT.

Annona	Cricca	Stacco	Tratta	Tratti
Caccia	Errare	Serrar	Tratte	Tratto

QUI ONT TROIS LETTRES ÉGALES ET UN REDOUBLEMENT MÉDIAL.

Allata	Annata	Appaja	Ebbene	Essere	Erette

QUI ONT UN REDOUBLEMENT ENTRE DEUX MÊMES LETTRES.

Avesse	Fiamme	Guazza	Stalla	Guerre	Trilli
Dramma	Gialla	Piazza	Ferreo	Quelle	Dottor
Ebbero	Grassa	Spalla	Fredde	Stesse	Grosso

Mots de sept lettres

QUI EN ONT TROIS DE LA MÊME VALEUR.

Analoga	Malsana	Credere	Mietere	Tenebre	Liquidi
Barbara	Vacanza	Fendere	Pendere	Vendere	Spiriti
Cravata	Celebre	Fremere	Reddere	Critici	Viziati
Garbata	Celeste	Mercede	Tendere	Inediti	»

QUI ONT TROIS MÊMES LETTRES OUTRE UN REDOUBLEMENT MÉDIAL.

Caraffa	Narrata	Ragazza	Leggere	Messere	Reggere
Massaja	Passata	Tassata	Lettere	Mettere	Sebbene

QUI ONT DEUX REDOUBLEMENTS.

Abbozzo	Addosso	Affetto	Alloggi	Appello	Avvezzo
Accesso	Affanno	Allesso	Ammessi	Apporre	Effetto
Accetto	Affatto	Alletto	Annesso	Attacco	Oggetto

Mots de huit lettres

QUI ONT DEUX REDOUBLEMENTS.

Abbietto	Bellezza	Corretto	Pennello	Sotterra
Afflitto	Bizzarro	Corrotto	Pillotta	Successo
Alloggio	Cappello	Fattezze	Puttella	Supporre
Appresso	Carretto	Gazzetta	Rossetto	Tassello
Attrarre	Carrozza	Mammella	Rossotto	Vassallo
Bassetto	Commesso	Obbietto	Siffatto	Villaggi
Bassezza	Commosso	Oppresso	Sommesso	Zittella

Il est important d'observer qu'un grand nombre de mots de la langue italienne, tout en conservant leur construction respective, sont de nature à changer la lettre finale, et cela arrive selon que l'on parle au masculin ou au féminin, au singulier ou au pluriel : le mot *tutto*, par exemple, peut devenir *tutta*, *tutti* ou *tutte*, en substituant A, I ou E, à l'O final; *affanno*, *affanni; attacco*, *attacca; ammesso*, *ammessa*, *ammessi*, *ammesse*, etc.

MÊMES MOTS DE HUIT LETTRES QUI EN ONT QUATRE DE LA MÊME VALEUR.

Alabarda	Apparata	Caravana	Infiniti
Amarasca	Avanzata	Incisivi	Ritrarre

Mots composés de neuf lettres

QUI ONT DEUX REDOUBLEMENTS.

Abbassare	Accettare	Afferrare	Ammaccare	Attaccare
Abbattere	Accessare	Affettare	Ammassare	Atterrare
Abboccare	Accoppare	Affittare	Ammazzare	Atterirre
Abborrire	Accozzare	Affissare	Annullare	Attizzare
Abbozzare	Addobbare	Affollare	Appellare	Avvezzare
Accattare	Addossare	Allattare	Arruffare	Avvizzare

Tous les mots de ce genre, c'est-à-dire, ceux qui, formés de neuf lettres ont deux redoublements, commencent par un A, ainsi qu'on peut le remarquer. Tous ces mots ont, en outre, la terminaison en *are*, à l'exception de trois seuls, qui l'ont en *ire*, lesquels sont d'ailleurs très-faciles à reconnaître, parce que *abbattere*, au lieu d'avoir la première lettre de la terminaison *are* égale à la première du mot, est semblable à la lettre finale; et les mots *abborrire* et *atterrire*, parce que la première lettre de la même terminaison ne ressemble ni à la première lettre du mot, ni à la finale.

Au moyen de ces mots, qui tous possèdent la qualité de verbes, nous pourrions en former encore quatre fois autant, ayant le même nombre de lettres et les mêmes redoublements ; mais, dans ce cas, il y aurait à changer les deux dernières lettres *re*, en *to*, *ta*, *ti* ou *te*, pour former les participes de ces verbes. Ainsi de *abbassare* nous aurions : *abbassato*, *abbassata*, *abbassati*, *abbassate*, etc.

Encore, ces participes ne sont-ils pas difficiles à distinguer. Voici comment : si la lettre ou le chiffre final du mot est égal au premier, le participe sera au féminin, et par conséquent ces chiffres seront des A , et l'avant-dernier chiffre sera un T, comme dans *afferrata*.

Si ces deux chiffres ne sont pas égaux, il nous restera à savoir si les deux derniers chiffres sont *to* ou *re* ; mais il nous suffira d'avoir déjà trouvé une de ces lettres pour découvrir les autres.

Mots qui ont deux mêmes redoublements.

Acchiocciolare	Attrattivo	Possentissimo
Acciaccare	Attratto	Possessione
Acciocchè	Baccellaccio	Raccapricciare
Acceccare	Bassissimo	Rozzezza
Accovacciare	Boccuccia	Saccoccia
Assassino	Grossissimo	Sbeccheriacio
Assassinare	Impossessare	Spessissimo
Attaccaticcio	Pellicella	Settantotto

Et tous leurs dérivés.

Si un seul chiffre précède le premier redoublement du mot, ce chiffre sera toujours un A, et les redoublements seront en C, S ou T.

S'il y a deux chiffres qui précèdent le premier redoublement du mot, le premier de ces chiffres sera ordinairement un B, un P ou un S, et quelquefois un M ou un R.

Peu de mots de la langue italienne ont des redoublements en voyelles; et dans ce cas ce sont toujours des O et quelquefois des E, si le redoublement est médial. Voici ces mots :

Cooperare	*Coorte*	*Zoologia*	*Zootomia*
Coordinare	*Veemenza*	*Zoolatria*	*Zootomista*

Et leurs dérivés.

Un redoublement final, à l'exception des mots : *ree*, *idee*, *linee*, *nausee* et *nervee* sera invariablement en I, comme dans les mots : *auspicii*, *libraii*, *nunzii*, etc. Nous ne relatons pas tous ces mots parce qu'ils sont très-variés et d'une médiocre importance.

Le mot *impazientissimamente* est le plus long de la langue italienne.

Remarques générales.

Une chose des plus essentielles, dans cette langue, c'est d'aller à la recherche des voyelles, et nous les trouverons surtout au moyen des lettres finales et à l'aide des petits mots. Lorsque nous aurons découvert quelques lettres, nous en trouverons d'autres avec plus de facilité.

La lettre qui se reproduit davantage dans les bigrammes c'est L pour former : *al*, *il*, *lo*, *la*, *li*.

Cette lettre est en outre celle que l'on voit le plus souvent apostrophée.

Le redoublement en L se trouve très-usité dans les mots de quatre, cinq et six lettres; exemple :

allo, *alla*; *nello*, *nella*; *quello*, *quella*, *etc.*

Quand le mot qui suit un de ceux que nous venons d'indiquer commence par une voyelle, on retranche ordinairement à ceux-ci la dernière lettre, et on aperçoit alors les deux L finaux apostrophés, comme :

all' andata, *bell' ingegno*, *quell' aspetto*, *etc.*

Le Q est toujours suivi de l'U.

L'H est toujours précédé d'un C, et quelquefois d'un G, comme dans les mots :

Anche, *Cerchi*, *Meschino*; *Ghiaja*, *Ghiotto*, *Ghirlanda.*

Il en est de la langue italienne comme de la langue française ainsi que d'autres encore, plusieurs mots terminent successivement par la même lettre, avec la seule différence qu'en français c'est par des E muets lorsqu'on parle au singulier, et par des S lorsqu'on parle au pluriel, tandis qu'en italien c'est par des A ou par des O au singulier, et par des E ou par des I au pluriel; exemple :

La roccia caduta dalla montagna.
Le vostre belle ragazze.
Lo studio ricompensato.
Gli uomini cortesi.

Deux chiffres apostrophés, ce qui en français équivaut à *qu'*, en italien sont toujours *ch'*, ou *un'*, ainsi que dans les phrases suivantes :

Ch' esso ne mangi
Lascia ch' io favelli
Ch' elleno non s' incomodino
Un' altra voltra
Un' anima beata
Un' ardente passione.

Si vous voyez un mot de quatre chiffres avec un redoublement suivi d'une apostrophe, et que le premier chiffre du mot soit égal à ceux qui composent le redoublement, par exemple de cette forme 3 8 3 3' , le mot sera *tutto*, *tutta*, *tutti* ou *tutte*, auquel on aura retranché la lettre finale, comme en : *tutt' ora*, *tutt' alena*, *tutt' il giorno*, etc.

Beaucoup de longs mots ont la terminaison en :

mente, *zione*, *zioni*, *issimo*, *issima*, *issime*, *issimi*;

il nous suffira d'en citer quelques-uns seulement pour en donner un exemple, savoir :

Abbondantemente
Impazientissimamente
Amministrazione - zioni
Congratulazione - zioni
Diligentissimo - issima - issimi - issime
Ritiratissimo - issima - issimi - issime, etc.

On doit appliquer à ces derniers les observations faites aux mots latins qui ont la même terminaison.

MISSIVE EN CHIFFRES.

V h	r t v l s	n s h r s	b v	y g x v h h m	
1	2	3	4	5	
n q u	m k k x k c v m t	b u o u	h m	l u c c m	
6	7	8	9	10	
k s f f u,	y m t m	r u t	k s v	y u e k s	b' m h-
11	12	13	14	15	
h u t f m.	V h	n m y f u h h s	r x k f s	b v	
16	17	18	19	20	
t v x k v s k u	r u t	f x f f v,	u	l u k f t u	f x
21	22	23	24	25	26
y n m k k u t m v	h s	B s e u	b m	x k m	r m-
27	28	29	30	31	
t f u,	v s	y f t m r r u t s	h' m k v l m	m	
32	33	34	35	36	
y x s	k v r s f u	b m h h'	m h f t m.		
37	38	39	40		

a b c d e f g h i j l m n o p q r s t u v z.

Nous aurions ici plusieurs moyens pour reconnaître différentes lettres ; mais nous commencerons par le mot *b m h h* ’, où nous croyons apercevoir deux L dans le re-
39
doublement final ; effectivement nous les tiendrons pour telles, d’autant plus que cette lettre étant celle qui se redouble le plus souvent, spécialement dans les petits mots, nous voyons ce même redoublement se reproduire dans les mots, 5e, 16e, et 18e. Suivons ainsi notre marche habituelle, et surmontons d’un L tous les chiffres H. Maintenant nous aurons à trouver le mot *f x f f v*, lequel est
23
composé de cinq chiffres, avec trois de la même valeur, y compris un redoublement. Si nous cherchons dans les mots de cette catégorie, et si nous comparons les chiffres qui le composent aux autres mots de cette missive, nous verrons que ce mot ne peut être autre chose que *tutto, tutti* ou *tutte* ; mais sans nous inquiéter de la valeur que cache le chiffre final, commençons à marquer les lettres T et U à leur place.
l t
Or, le chiffre M, dans le dernier mot *m h f t m*, ne peut
40
être qu’un A, pour faire *altra*, car les mots *eltre, iltri* ou *oltro*, que l’on pourrait former avec les autres voyelles, ne sont pas italiens, et ne donneraient aucun sens ; donc, si ce mot est *altra*, le chiffre B dans le mot précédent
a l l
b m h h sera un D pour faire *dall’*, parce que toute autre
39
lettre de l’alphabet ne formerait pas un mot italien : voilà encore trois lettres de trouvées, que nous aurons soin de marquer sur les chiffres qui leur correspondent. Après avoir placé ces lettres, nous saurons que le chiffre U dans le 16e mot est un E pour faire *d’allerta*. Maintenant, comme nous avons trouvé les voyelles A, E, U, le chiffre V, dans le premier mot, ne pouvant pas être un O, sera un I pour *il* : et

nous saurons successivement que R, dans le trigramme qui surmonte le numéro 13, sera un P, et le mot sera *per;* que l'H dans le mot $\underset{31}{\overset{u}{x}\ h\ \overset{a}{m}}$ remplace la lettre N; que le chiffre S représente un O dans le 19e mot, et ainsi de suite jusqu'à ce que nous ayons trouvé la traduction suivante.

Il primo colpo di squilla che annunziar deve la mezza notte, sarà per noi segno d'allerta. Il Castello, punto di riunione per tutti, e mentre tu scannerai lo Doge da una parte, io strapperò l'anima a suo nipote dall' altra.

DEUXIÈME MISSIVE EN CHIFFRES.

R k (1) q y h o m o k (2) f b x (3) n x q e y (4) g o (5)

i o f x n x i x (6) o q (7) d s x l h y (8) p y p x q h y, (9) b k (10)

i y h h y (11) k a a k h h y (12) o (13) p o x o (14) g o l x e q o. (15)

Q y q (16) l o (17) l k (18) k q f y i k, (19) h s (20) p o (21) g o f o (22)

r y (23) i o l s r h k h y (24) g x r r k (25) f y l k? (26) x v y x q x, (27)

r x c e o (28) d s x l h k (29) r x h h x i h, (30) x (31) r y (32) l k-

c i k o. (33)

Nous avons déjà fait observer ailleurs que, quoique la lettre E soit la plus répétée, elle n'est pas toujours la plus aisée à trouver, parce qu'il n'est pas dit qu'elle doive toujours se trouver la plus nombreuse dans toutes les phrases. Nous avons aussi dit qu'un déchiffreur, après avoir préalablement bien examiné une écriture, doit s'attacher à tout ce qui pourrait le conduire à quelque découverte, en commençant n'importe par où.

Dans la missive ci-dessus, nous pourrions deviner beaucoup de choses ; mais nous ne voulons rien présager à l'avance. D'abord, en supposant que nous n'en connaissions pas la langue, nous devons être très-circonspect, et ne nous prononcer sur le compte d'une lettre que lorsque nous en connaîtrons bien positivement la qualité.

Aussi, d'après ce système, nous commencerons par découvrir un O dans cette missive. Elle doit paraître étrange, nous en convenons, la possibilité de découvrir ainsi une lettre à l'instant même, et sans autre examen qu'un premier coup d'œil ; mais voici comment nous l'expliquerons : le mot *k a a k h h y* est composé de sept lettres et il a deux
12
redoublements ; la première lettre du mot et la quatrième, c'est-à-dire celle qui suit le premier redoublement, sont égales. Or, en cherchant dans les mots de cette catégorie, nous voyons que le chiffre qui précède et celui qui suit le premier redoublement sont des A, à l'exception du mot *effetto*. Il y aurait donc à parier que les deux lettres qui forment l'objet de nos investigations seraient des A ; cependant, après un examen plus minutieux, et spécialement des lettres finales des mots de cette catégorie, nous saurons que ces dernières sont toutes des O. Qui pourrait donc contester la valeur de l'O représenté par le chiffre final Y du mot dont nous parlons ? Personne. Eh bien, nous marquerons

un O sur tous les Y. Maintenant nous ne ferons plus qu'indiquer, sans autre explication, tous les mots que nous pourrons successivement connaître par entier ou en partie; ce sera au déchiffreur à se tirer d'affaire.

Après avoir marqué l'O, nous prendrons le 16e mot, qui nous donnera la valeur de deux lettres;

Ensuite le 7e mot; et successivement :

Les mots 17e et 18e; les mots 27e, 14e, 9e, 2e, 12e et 26e; le mots 3e, 10e, 19e, 20e et 22e; les mots 1er, 6e, 8e, 24e, 25e, 29e, 30e, 32e et 33e;

Et enfin les mots 4e, 15e et 25e, qui finiront par nous donner la traduction exacte de la missive.

TROISIÈME MISSIVE.

D aq8h7d84d 73ff3 68hb3hd ad8
o242 pq8od kqkkd d43ghd8kd 78f
sd42, 3 oi3hd812, 653 e8h312,
624 pq3f 13k8ff2, 653 e863s8
48o63h3 d s2fb84d 43ff8 134k3
7d Eda8h2, oi8f8468h f3 i2hk8 8
k92 eh8k3ff2.

QUATRIÈME MISSIVE.

8×8 n× p×py8qk ſkb myokhk zk rbyook hny ſ233× ckhk8× 2oo2 pk2 ly×qkoy yz 2p2q2 xv-qy8dk2; hx fy83x 2 oyk o2 8xqqy, ko lkxv8x, 2zxl8k k3q28qy, k8 hk23-vb8 obxlx; 3cylokxpk ko p2qqk8x hxl zxohy 3bx oxpy k8 gxhh2.

CINQUIÈME MISSIVE.

Yg8n9g nl 4d9lpk, o3 8k4n93 dlnn3 g 18 58 6938xg 4dkyvl-bolk. Lo xl4k9xl8g g n3og, d2g vl5 8k8 41 dk8k4dg d21 dky38x3, g d21 xgpg 577lxl9g.

LANGUE ESPAGNOLE.

CHAPITRE NEUVIÈME.

LANGUE ESPAGNOLE.

Cette langue ressemble beaucoup à la langue italienne, et dans sa prononciation et dans sa construction, et se réfère aussi beaucoup à la langue latine, en ce que ses mots terminent tantôt par des voyelles et tantôt par des consonnes; la langue espagnole participe aussi un peu de la langue française, car un nombre considérable de mots et d'expressions ont beaucoup d'analogie dans l'une et dans l'autre langue.

L'alphabet de la langue espagnole se compose de vingt-sept lettres, savoir :

a b c d e f g h i j k l ll m n ñ o p q r s t u v x y z.

Cette langue n'a pas de diphthongues.

Les seuls redoublements sont en CC, LL ou RR , et rarement en AA, EE, OO ou NN, comme :

arcaniaad, *reelegido*, *innocuo*, *coordinar.*

Monogrammes : A, O, U, Y.

Les plus usités sont Y, A. On distingue facilement ce dernier, parce que l' A se trouve souvent dans la construction des mots.

Deux monogrammes qui se suivent sont ordinairement : O A ou Y A.

Bigrammes.

Al ; as ; ea ; ha ; la ; ya , za:
De , el , en ; fe , he , me ; re ; se ; te:
Ir ; mi ; si ; ti:
Jo , lo , no ; os , ox ; so ; to ; yo:
Fu , mu ; tu ; un , ut ; su.

Les plus usités sont *el* , *la* , *de* , *en.*

Trigrammes

LES PLUS USITÉS OU SE TROUVE UN A.

Agi	Esa	Jia	Mas	Pia	Tas	Zas
Ajo	Fas	Joa	Mia	Ras	Taz	Zea
Año	Faz	Las	Ñao	Ria	Tea	Zua
Aro	Fea	Lia	Ola	Rua	Una	»
Asi	Haz	Loa	Osa	San	Uva	»
Aun	Ida	Mal	Pan	Sea	Val	»
Dia	Jea	Man	Par	Tal	Via	»
Era	Jau	Mar	Paz	Tan	Zar	»

OU SE TROUVE UN E.

Del	Evo	Ley	Pre	Sea	Tez	Zea
Eco	Fea	Mes	Que	Sen	Uce	»
Era	Feo	Pel	Reo	Ser	Ver	»
Eso	Hez	Pez	Rey	Tea	Vez	»

OU SE TROUVE UN I.

Agi	Fin	Lia	Mil	Oir	Sio
Dia	Ida	Lid	Mio	Pio	Tio
Dix	Ido	Lio	Mis	Ria	Ubi
Fil	Jia	Mia	Miz	Sin	Via

OU SE TROUVE UN **O**.

Ajo	Duo	Joa	Oir	Pro	Sor
Año	Eco	Lio	Ola	Reo	Tio
Ano	Eso	Loa	Osa	Rol	Ton
Aro	Evo	Los	Pio	Sol	Uno
Don	Feo	Mio	Por	Sio	Uso
Dos	Ido	Nos	Pos	Son	Vos

OU SE TROUVE UN **U**.

Aun	Luz	Rum	Ubi	Una	Uva
Duo	Puf	Ruc	Ucc	Uno	»
Jau	Que	Sud	Ufo	Uso	»

Trigrammes

QUI ONT LA PREMIÈRE LETTRE ÉGALE A LA TROISIÈME.

Acá	Ara	Eje	Non	Oso
Ala	Asa	Ene	Ojo	Oto
Ama	Aya	Ese	Oro	Sus
Ana	»	»	»	»

Cependant les trigrammes que l'on rencontre le plus fréquemment sont les suivants :

Que, *Los*, *Las*, *Con*, *Sus*.

Avec un peu d'attention, il ne sera pas difficile de découvrir d'abord l'un ou l'autre.

Mots de quatre lettres

QUI ONT LA PREMIÈRE ÉGALE A LA TROISIÈME.

Abad	Asar	Dado	Iris	Oros	Sisa
Acal	Asaz	Dedo	Lelo	Papo	Sosa
Afan	Atar	Duda	Lela	Pipa	Suso
Ajar	Azar	Dudo	Lila	Pipo	Teta
Aman	Boba	Enea	Memo	Popa	Tito
Amar	Cuca	Eter	Mimo	Raro	Vivo
Anal	Cuco	Ibis	Olor	Seso	Zuzo

QUI ONT LA PREMIÈRE LETTRE ÉGALE A LA QUATRIÈME.

Abra	Anca	Arma	Aura	Ocho	Orlo
Agua	Anea	Arpa	Azua	Odio	Orto
Ajea	Anta	Asma	Dacd	Ogro	Otro
Alba	Apea	Asna	Eche	Ojeo	Raer
Alga	Arca	Aspa	Ente	Olmo	Reir
Alma	Arda	Asta	Este	Opio	Ruar
Alta	Area	Atra	Leal	Orco	Seis
Alza	Aria	Auna	Ocio	Oreo	»

QUI ONT LA DEUXIÈME LETTRE ÉGALE A LA QUATRIÈME.

Anon	Daza	Haya	Masa	Peje	Soto
Aojo	Dogo	Haza	Mata	Pobo	Taba
Baca	Dolo	Hopo	Maya	Poco	Taca
Baja	Edad	Hoyo	Maza	Pomo	Tada
Bala	Erar	Jaca	Moco	Poso	Tala
Basa	Esas	Jaga	Moho	Poyo	Tapa
Baya	Esos	Jara	Moyo	Pozo	Tara
Baza	Fada	Joyo	Mozo	Rada	Tasa
Boto	Faja	Laca	Mada	Rafa	Taza
Cada	Fama	Lama	Nafa	Raja	Tepe
Caja	Foco	Lana	Nasa	Rana	Todo
Cala	Foro	Lapa	Nata	Rapa	Tojo
Cama	Foso	Lasa	Nava	Rata	Tomo
Cana	Gafa	Lata	Nodo	Raya	Tono
Capa	Gala	Laxa	Noto	Raza	Topo
Cara	Gama	Laya	Orar	Robo	Vaca
Cata	Gana	Leve	Paca	Rojo	Vaga
Cava	Gasa	Lobo	Paga	Romo	Vaya
Caza	Gata	Loco	Paja	Saga	Voto
Como	Gaya	Lodo	Pala	Sala	Zafa
Copo	Gofo	Lomo	Para	Sana	Zaga
Coro	Gozo	Loro	Pasa	Saya	Zala
Coto	Haba	Loto	Pata	Sene	Zapa
Daga	Haca	Maca	Pava	Sere	Zara
Dala	Hala	Mala	Paya	Somo	Zoco
Dama	Hara	Mana	Pece	Solo	Zopo
Data	»	»	»	»	»

MOTS DE QUATRE LETTRES QUI ONT UN REDOUBLEMENT MEDIAL.

Allí	Ella	Leer	Loor
Arre	Ello	Looc	Peer

Les mots *allá* et *erre* sont faciles à remarquer, car ils ont encore, outre le redoublement médial, la première lettre égale à la quatrième.

Les mots suivants se font aussi facilement connaître, parce qu'ils sont formés de deux mêmes syllabes, ou parce qu'ils ont la première lettre égale à la troisième, et la deuxième égale à la quatrième, savoir :

Arar	Bobo	Dada	Mama	Nono	Titi
Baba	Coco	Fofo	Momo	Rara	»

Mots de cinq lettres

QUI ONT UN REDOUBLEMENT ENTRE DEUX LETTRES DE LA MÊME VALEUR.

Arras	Farra	Horro	Palla	Sollo
Bollo	Forro	Jarra	Parra	Talla
Borro	Garra	Malla	Pollo	Tollo
Corro	Gorro	Marra	Porro	Valla
Fallá	Halla	Morro	Rollo	Zorro

QUI EN ONT TROIS DE LA MÊME VALEUR.

Abada	Agapa	Alaga	Añada	Azada
Acaba	Agata	Alara	Añaza	Etele
Adaza	Ajada	Amaba	Arada	Obolo
Afaca	Alada	Anata	Araña	Sisas

QUI ONT DEUX MÊMES LETTRES QUI SE RÉPÈTENT.

Aerea	Barba	Hacha	Rapar	Tarta
Amomo	Beber	Mamar	Rasar	Tonto
Anona	Bobon	Meses	Rayar	Vivir
Arcar	Choco	Papal	Salsa	Volvo
Arfar	Galga	Papar	Taita	Zarza
Armar	Ganga	Parar	Tanta	Zonzo

Nous faisons remarquer la construction particulière des mots *errar* et *error*.

Mots de six lettres

QUI ONT UN REDOUBLEMENT ENTRE DEUX LETTRES DE LA MÊME VALEUR.

Acreer	Charra	Grotto	Porron
Borron	Chorro	Hallar	Tallar
Carral	Gorron	Mallar	»

QUI ONT TROIS LETTRES DE LA MÊME VALEUR, Y COMPRIS UN REDOUBLEMENT.

Arrear	Correr	Gurrar	Narrar	Torrar
Arriar	Ferrar	Herrar	Parrar	Zurrar
Barrar	Garrar	Horror	Serrar	»

Les deux mots suivants ont trois lettres de la même valeur, plus un redoublement, le premier en *ll*, le deuxième en *rr* :

Agalla, *Amarra*.

QUI EN ONT TROIS D'UNE VALEUR ET DEUX DE L'AUTRE SANS REDOUBLEMENT.

Acacia	Aparar	Macaca
Acarar	Arañar	Mamada
Albalá	Babada	Mañana
Ananas	Cocoso	Tarara
Andada	Gososo	Zaraza
Antana	Hadada	»

Le mot *releer* se distingue pour avoir deux lettres d'une valeur et trois de l'autre, y compris un redoublement, lequel est en E.

MÊMES MOTS DE SIX LETTRES, QUI EN ONT DEUX D'UNE VALEUR ET UN REDOUBLEMENT DE L'AUTRE.

Ballia, Horreo, Jaball.

Le dernier se fait remarquer par un redoublement final, lequel est en L.

MOTS QUI ONT DEUX LETTRES D'UNE VALEUR ET DEUX DE L'AUTRE.

Ardida	Hondon	Marcar	Mimoso	Reirse
Bobote	Lardar	Marera	Parlar	Rondon
Dadora	Largar	Margar	Querer	Sagrar
Dudoso	Lunula	Maroma	Recaer	Volvió
Harbar	Maldad	Mismos	Recreo	Zarzal
Hocico	»	»	»	»

MOTS LES PLUS USITÉS QUI ONT TROIS MÊMES LETTRES ISOLÉES.

Abadia	Arcana	Coposo	Jocoso	Pavada
Acabar	Armada	Dedada	Lanada	Pebete
Acatar	Atajar	Deidad	Lasaña	Pelete
Afamar	Atacar	Doñoso	Manada	Pososo
Afanar	Avalar	Etereo	Mocoso	Sabana
Aguada	Cabala	Fogoso	Moroso	Salada
Alarma	Cabaña	Gabata	Odioso	Sonoro
Alzada	Calada	Gatada	Ocioso	Tazaña
Amasar	Calzada	Goloso	Orondo	Vacada
Ampara	Camara	Gomoso	Pajada	Vejete
Apagar	Cañada	Jacara	Palada	Velete
Apañar	Colono	Hojoso	Parada	Zafada
Arcada	Cómodo	Jalapa	Pataca	Zapata

Les trois mots suivants sont dignes de remarque, car ils sont composés chacun de deux mêmes syllabes :

Barbar, *Bisbis*, *Chocho*.

Mots de sept lettres

QUI EN ONT TROIS DE LA MÊME VALEUR, AVEC OU SANS REDOUBLEMENT, PLUS DEUX AUTRES ÉGALES ISOLÉES.

Abarear	Anciana	Berrera	Dirigir	Mamaria
Abarrir	Aparear	Barajar	Dirimir	Mampara
Aclarar	Apartar	Barbada	Ejercer	Mananar
Agradar	Aparvar	Bolillo	Fósforo	Perrera
Agramar	Algalia	Cadadia	Galajla	Perrero
Agravar	Asedada	Caneana	Ganapan	Reparar
Aladrar	Atadita	Caracoa	Ganania	Tastara
Alargar	Aterrar	Carcasa	Gorrero	Tortolo
Alarmar	Atracar	Carcava	Haldada	Terrera
Albanal	Atrasar	Cascada	Hadadas	Terrero
Algalia	Ayudada	Cascara	Islilla	Zamanza
Amargar	Bandada	Corcovo	Jarrear	Zorrero
Amparar	Berrear	Chozozo	Malilla	Zorzoso

QUI EN ONT TROIS DE LA MÊME VALEUR, OUTRE UN REDOUBLEMENT.

Abarraz	Arranca	Canalla	Garrafa	Modorro
Acallar	Arriana	Caparra	Garrama	Panarra
Agallas	Bodollo	Carraca	Herrete	Zamarra
Allanar	Borroso	Ferreje	Marraga	»
Arrabal	Caballa	Gabarra	Marrana	»

QUI ONT QUATRE LETTRES DE LA MÊME VALEUR.

Acamada	Afamada	Ahacada	Apagada	Azadada
Adaraja	Afanada	Anafaya	Atacada	Azafata

Il est à remarquer que ces lettres égales sont toujours des A.

MÊMES MOTS DE SEPT LETTRES QUI ONT UNE TOUT AUTRE CONSTRUCTION PARTICULIÈRE.

Abarrar	Amarrar	Gargara
Agarrar	Arrapar	Lealdad
Alfalfa	Arrasar	Lilaila

Nous ferons enfin remarquer le mot *zoofago*, dont un redoublement est en O.

Mots de huit lettres

QUI EN ONT QUATRE DE LA MÊME VALEUR.

Acabalar	Alabiada	Apajsada	Doloroso
Acanalar	Aladrada	Aranzada	Insipidi
Agasajar	Albarada	Asardada	Marañada
Agavanza	Alcabala	Atarajar	Nacarada
Agazapar	Aldabada	Atasajar	Rapazada
Alabadar	Algalaba	Calabaza	Sonoroso
Alabanza	Algazara	Camarada	Tabalada
Alabarda	Almarada	Caravana	Tacamaca

Les mots suivants ont un redoublement en plus:

Agallada, *Agarrada*, *Arracada*, *Apparada*.

Le mot *arrollar* a simplement deux redoublements.

MOTS D'UN MÊME NOMBRE DE HUIT LETTRES, QUI SE FONT REMARQUER PAR LEUR CONSTRUCTION PARTICULIÈRE.

Alfalfar	Lililies	Terrarira
Andadera	Mamparar	Torondon
Arrancar	Garramar	Vivivero
Dividida	Murmullo	Viviente
Enzarzar	Salariar	Zarzagan
Lelilies	Sandalla	Zozobrar

Nous citons le mot *zoologia* parce qu'il a trois O, dont un redoublement.

Mots de neuf lettres

QUI EN ONT QUATRE DE LA MÊME VALEUR, OUTRE UN REDOUBLEMENT.

Acaballar	Algarrada	Caballada	Majarrana
Agarrafar	Almarraja	Garrapata	Matarrata
Alcaparra	Atarragar	Horroroso	Zaparrada

QUI ONT CINQ LETTRES DE LA MÊME VALEUR.

Anacarada	Aparatada	Atabanada
Apapayada	Atabacada	Invisibili

Nous croyons bien faire de citer les mots suivants, qui,

par leur construction particulière, sont de nature à pouvoir embarrasser le déchiffreur lorsqu'il les rencontrera, savoir :

Arcanidad	Cucurucho	Salsafras
Arrastrar	Gargagear	Soldadado
Celulilla	Ladrillal	Ten-con-ten
Comodidad	Polvorosa	Torloroto

Un examen un peu attentif suffira pour nous les faire découvrir.

Mots de dix lettres

QUI EN ONT CINQ DE LA MÊME VALEUR.

Alacranada	Albarazada	Anaranjada
Alagartada	Alcahazada	Calabazada

On voit que dans ces mots toutes ces lettres ne sont que des A. Dans le mot *inimicicia* cependant, nous y trouvons des I, mais il sera facile de le distinguer, parce que sa construction diffère de toutes les autres.

Nous citons aussi les mots suivants, de cette catégorie, qui, par leur construction, nous ont paru dignes de remarque, savoir :

Garrullada, *Iniciacion*, *Locomocion*, *Reverdecer*.

Le mot *Zurriburri*, unique dans sa construction, sera facile à reconnaître.

Mots de onze lettres

D'UNE CONSTRUCTION EXCEPTIONNELLE.

Abarracarse	Anzamarrada	Inquisicion
Acambrayada	Asarabacara	Inquisitivo
Agasajadora	Garrapatear	Zangangongo
Alabastrada	Inimicísimo	Zangarriana

Il est à remarquer qu'aucun de ces mots ne se ressemble dans sa construction ; facilité de plus pour les découvrir aussitôt qu'on les rencontrera.

Mots de treize lettres.

Abarraganarse	Malbaratadura
Malavanturada	Zalzaparrilla

Voici tous les mots les plus usités commençant par deux L, qui ne forment que la treizième lettre de l'alphabet espagnol :

Llaga	Llamar	Llamativo
Llagar	Llamiento	Llamazar
Llama	Llamada	Llana
Llamador	Llamarada	Llanada

Llanamente	Llegar	Llorador
Llaneza	Llegarse	Llaraduelas
Llano	Llenamento	Llorar
Llanas	Llenar	Lloro
Llanta	Llenarse	Lloron
Llantas	Lleno	Lloroso
Llanten	Lleudar	Llovediza
Llanto	Lleva	Llover
Llanura	Llevada	Llovioso
Llares	Llevadero	Lloviznar
Llave	Llevador	Llueco
Llavero	Llevar	Lluvia
Lleco	Llevarse	Lluvioso
Llegada	Lloradera	»

Voici maintenant à peu près tous les mots qui ont un redoublement en E :

Reedificacion	Reemplazar	Reencomendar	Reengendrador
Reedificar	Reemplazo	Reencuentro	Reengendorar
Reembolsar	Reemplear	Reenganchar	Reengendrarse
Reembolso	Reencargar	Reenganche	Reensayar

Voici tous ceux qui ont un redoublement en O :

Cooperacion	Cooperativo	Coordinadamente
Cooperador	Coopositor	Coordinadas
Cooperar	Cooptacion	Coordinar
Cooperario	Coordinacion	Zoofago

Remarques générales.

La langue espagnole, ainsi que la langue latine, n'a pas d'apostrophes.

Les mots de cette langue se terminent indifféremment par des voyelles et par des consonnes. Les finales sont le plus souvent en S, E, A ; viennent ensuite, graduellement : N, O, R, et successivement : L, U et D, I et Z. On ne trouve que très-rarement, et même presque jamais, les autres lettres à la fin des mots. Il est donc facile de trouver ces finales, si on les compare surtout avec les bigrammes.

Beaucoup de mots ont la désinence en *ente*, comme :

Ciertamente, Dudosamente, Mayormente, Positivamente.

Ainsi, quand on a trouvé les E, on devine que le chiffre avant-dernier est un T, et celui qui le précède un N.

D'autres ont la désinence en *oso*, comme :

Ambicioso, Generoso, Minucioso, Sabroso.

D'autres l'ont en *dad*, en *ado* ou *ario*, comme :

Animosidad,	*Caridad,*	*Divinidad,*	*Necesidad.*
Abogado,	*Candidado,*	*Saldado,*	»
Arbitrario,	*Donatario,*	*Numerario.*	»

Dans tous ces cas, un peu d'attention et de perspicacité suffiront pour faire découvrir d'abord la valeur de ces mêmes désinences, et ensuite les mots entiers.

Nous avons déjà dit que les seuls monogrammes sont A, O, U et Y. Ce dernier, qui représente la conjonction *et*, se rencontre assez souvent, et on le distingue facilement des autres parce qu'il ne se trouve que rarement dans la formation des mots.

Deux monogrammes qui se suivent seront toujours O A ou Y A. Ainsi le dernier sera toujours un A, et le premier sera un O, si on le voit souvent reproduit dans les mots ; autrement ce sera un Y.

Si deux bigrammes qui se suivent ont les premiers chiffres de la même forme, ces chiffres seront des E, et les bigrammes se traduiront par *en el* ou *es el;* par cette même raison on saura que le second signe du second bigramme sera un L. Deux mêmes bigrammes seront *no no.*

Lorsque, dans cette langue, plusieurs mots ayant la même terminaison se suivent, on doit supposer que l'on parle au pluriel, et que la dernière lettre est un S et l'avant-dernière un O ou un A, comme :

Los dos amigos.
Nos iremos juntos.
Las hermanas buenas.

On saura, dans tous les cas, que le dernier chiffre représente un S.

Si le premier chiffre d'un bigramme est un A, le deuxième sera ordinairement un L ou un S, pour *al* ou *as.*

Si le premier est un E, le deuxième sera ordinairement un L ou un N.

Si c'est un I, le deuxième sera un R.
Si c'est un O, le deuxième sera un S ou un X.
Si c'est un U, le deuxième sera N ou T.

Et *vice versâ*, si le deuxième chiffre d'un bigramme est un A, le premier sera E, H, L, Y ou Z.
Si c'est un E, le premier sera D, F, H, M, R, S ou T.
Si c'est un I, le premier sera M, S ou T.
Si c'est un O, le premier sera J, L, N, S, T ou Y..
Et enfin, si c'est un U, le premier sera F, M, T ou S.

MISSIVE EN CHIFFRES.

═rχ	Δθεvrβv+rχ	vμη═θχθχ	Λμωμ+vΛμ
1	2	3	4

ρωθ	θ═	λεΛλΛβr	βθ	ΔΛπ	θμλεθ
5	6	7	8	9	10

vμη═ΛλθεεΛ	δ	ΔθεχvΛ	χθ	zvε⊤r
11	12	13	14	15

⊥rv	Λ	═Λχ	r+⊥r	βθ	═Λ	λΛεβθ
16	17	18	19	20	21	22

a b c d e f g h i j k l ll m n o p q r s t u v x y z.

Nous avons remarqué, dans le Tableau Comparatif de la répétition des lettres dans les différentes langues, que, dans la langue espagnole, c'étaient les E et les A qui se reproduisaient le plus. Or, dans cette missive, nous observons que les signes Λ et θ sont précisément ceux que l'on rencontre le plus souvent ; le premier s'y trouve *douze* fois, et le deuxième *treize* fois. Il est à présumer que l'un ou l'autre de ces signes sera au moins une des lettres que nous venons de citer, et la probabilité se tourne vers l'A, qui doit être représenté Λ, car nous voyons ce signe tout isolé au 17ᵉ mot, et nous savons qu'il n'y a pas de monogramme E dans la langue qui nous occupe. Le monogramme $\underset{17}{\Lambda}$ pourrait aussi bien représenter l'Y, autre monogramme très-usité dans la langue espagnole. Mais comme il entre trop souvent dans la formation des mots de cette missive, et que nous le voyons, au surplus, figurer dans le bigramme $\underset{21}{=\Lambda}$ et dans le trigramme $\underset{18}{=\Lambda\chi}$, comme nous savons aussi qu'il n'y a que très-peu de mots dans cette langue, et fort peu usités, où l'Y soit le deuxième chiffre d'un bigramme, et où il occupe la place du milieu dans un trigramme, ce qui, du reste, ne pourrait se concilier avec la construction des mots 17ᵉ, 18ᵉ et 21ᵉ, nous en concluons à coup sûr que le chiffre Λ représente un A. Marquons donc cette lettre sur tous les signes qui lui correspondent.

Maintenant que nous avons trouvé l'A, il suffira de considérer attentivement la phrase pour comprendre que le signe θ ne peut représenter que l'E. Inscrivons cette lettre à sa place et effaçons-la, ainsi que l'A, de l'alphabet qui se trouve au bas de la missive.

En comparant le signe $=$, dans les mots 6ᵉ, 18ᵉ et 21ᵉ, nous ne pouvons que lui attribuer la valeur de l'L ; notons cette lettre. Le signe χ, dans le 18ᵉ mot $\overset{l}{=}\overset{a}{\Lambda}\chi$, ne peut représenter qu'un S, et nous en serons d'autant plus persuadés, si nous observons la position qu'occupe ce même signe dans les autres mots de la missive.

Le signe r, dans le premier mot $\overset{l}{=}\mathrm{r}\overset{s}{\chi}$, est nécessairement une voyelle. Or, si nous parcourons celles qui nous restent encore à découvrir, nous trouverons que c'est l'O seul qui peut nous donner un sens; marquons-le.

Si nous examinons attentivement la place qu'occupe le signe β dans plusieurs mots de la missive, et notamment dans les bigrammes 8ᵉ et 20ᵉ, nous ne pouvons nous dispenser de lui attribuer la valeur du D. Notons-le sur tous les signes qui lui correspondent, et poursuivons nos recherches.

Maintenant que nous avons déjà trouvé, et assez facilement, plusieurs lettres, sans toutefois découvrir des mots qui peuvent nous conduire à la prompte intelligence de la dépêche, et quoique nous pourrions trouver aisément la valeur des mots 5ᵉ, 12ᵉ, 16ᵉ et 19ᵉ, nous voulons porter toute notre attention sur les mots *deuxième* $\Delta\overset{e}{\theta}\varepsilon\mathrm{v}\overset{o}{\mathrm{r}}\overset{d}{\beta}\mathrm{v}+\overset{o}{\mathrm{r}}\overset{s}{\chi}$, *septième* $\lambda\varepsilon\overset{a}{\Lambda}\lambda\overset{a}{\Lambda}\overset{d}{\beta}\overset{o}{\mathrm{r}}$, *dixième* $\overset{e}{\theta}\mu\lambda\varepsilon\overset{e}{\theta}$ et *vingt-deuxième* $\lambda\overset{e}{\Lambda}\varepsilon\overset{d}{\beta}\overset{e}{\theta}$. Or, dans ces mots les signes λ, ε, ne peuvent représenter que des consonnes, et nul doute que ε ne soit un R. Ainsi, après avoir marqué cette lettre, si nous parcourons toutes celles de l'alphabet qui nous restent encore à découvrir, et si nous les plaçons l'une après l'autre sur les deux signes λ du 7ᵉ mot, nous saurons que ces signes représentent des T pour faire *tratado ;* et, pour la même raison, nous aurons *tarde* au 22e mot. En continuant nos investigations, nous trouverons que le signe μ remplace l'N au 10e mot ; que les v, dans les mots 2e et 4e, ne sont que des I, les + des C, l'ω un U et Δ un P, pour faire *Periodicos* et *anuncian*. Et ensuite, par la découverte successive que nous ferons des signes qui complètent la valeur des mots 3e, 5e, 9e, 12e, 16e, 19e et 15e, nous aurons la traduction suivante de la missive :

Los ***Periódicos*** *ingleses anuncian que el tratado de* ***Paz***, *entre* ***Inglaterra*** *y* ***Persia***, *se firmó hoy á las ocho de la tarde.*

DEUXIÈME MISSIVE.

89	on6o6,	q98q9	67v53	om9skg	6
1	2	3	4	5	6
98o6	k6no9,	q9	98o6+79E9́n	536	
7	8	9	10	11	
Egs53mE6Emg3	o979vn6hmE6	85			
12	13	14			
s6um36,	93on9	76	M876	q9	E5+6
15	16	17	18	19	20
4	7g8	98o6qg8	53mqg8.		
21	22	23	24		

Ici nous commencerons par trouver les E, représentés par le chiffre 9 ; ensuite, les A et les D, représentés : le premier par 6, et le deuxième par q. Nous découvrirons successivement la valeur du 8, dans le 3e mot, qui équivaut à un S, et le mot sera *desde;* le 7e mot, où l'O est à la place d'un T;

Et, après, le mot 2e;

Les mots 8e et 16e;

Le mot 23e;

Les mots 22e, 14e 17e, 18e et 24e, et successivement les mots 11e, 4e, 5e, 15e, 12e, 20e, 10e, 4e, 21e et 13e, qui finiront par nous donner la traduction parfaite de la missive.

TROISIÈME MISSIVE.

Bk kbgtofk ek Jktuol, gqp lkgrd eku gzdxtq ek Adtyq, jzk fd fkc kpxktd bqftk ku eoiqtgoq bk ekbkgrq, kp ud bkmzped gdagtg, d mtdp adcqtod.

QUATRIÈME MISSIVE.

Qhe huvzxokhkle kl Hlumjnkvlq vlczr urk rulfh xlrxhxofh kl dhxvl kl qze xlhqoevhe. Zmojohqle xlduiqojhrze el nhr xlurokz lr jzrelbz kl gulxxh dhxh klqoilxhx.

CINQUIÈME MISSIVE.

To lcgntuc xtptjdo zd dgqglvdpc do tutjlvrc ztomtrvlc, od ncoqlvcg bdlvxvld pto lcgxovlrc a zd pdpc cjptg pt ovltglvdj odn rjcbdn ad jtqgvpdn.

TABLEAU COMPARATIF

De la répétition des lettres dans chacune des langues sur lesquelles nous avons opéré, d'où il résulte, après en avoir fait l'expérience sur un corps d'écriture de douze cents lettres, qu'elles s'y trouvent partagées de la manière suivante :

LANGUES.	A	B	C	D	E	F	G	H	I	J	K	L	M	N	O	P	Q	R	S	T	U	V	W	X	Y	Z	TOTAUX.
Française...	88	15	25	59	190	5	10	7	83	2	»	74	26	84	73	48	7	99	105	70	109	15	»	7	2	1	1200
Allemande..	50	36	14	65	242	19	45	41	86	2	16	40	30	147	39	1	»	89	72	62	65	8	15	»	»	16	1200
Anglaise. ...	73	33	48	48	161	45	19	70	95	2	6	42	33	82	89	25	2	59	82	116	31	11	17	»	23	»	1200
Latine......	98	17	25	30	140	15	10	4	142	2	»	28	93	75	55	25	20	59	86	107	118	26	»	7	»	»	1200
Italienne....	104	6	47	32	170	12	26	1	152	»	»	81	29	86	102	31	6	87	60	85	46	10	»	»	»	7	1200
Espagnole...	148	11	54	52	198	12	8	7	68	2	»	69	45	84	81	32	8	70	95	54	62	14	»	1	15	12	1200

En donnant ce tableau, notre intention n'a pas été de prouver que dans chaque période d'écriture de même quantité de lettres elles doivent se trouver exactement partagées de la manière que nous venons d'indiquer. Nous admettons, sans nul doute, que quelque différence puisse exister entre la répétition des lettres d'une phrase et celles d'une autre phrase ; mais cette différence ne sera jamais bien sensible.

CHAPITRE DIXIÈME.

---

§ Ier.

TRADUCTION

Des autres missives en chiffres dans leur langue respective.

CHAPITRE TROISIEME.

LANGUE FRANÇAISE.

DEUXIÈME MISSIVE.

Nous sommes tous désolés de la perte dont nous venons d'être frappés. Notre capitaine est tombé victime de sa bravoure à la redoute du Nord. Je le remplace au commandement de la batterie.

TROISIÈME MISSIVE.

Une horrible catastrophe vient de répandre l'effroi et la terreur dans tout le camp ; la poudrière Saint-André ne laisse plus apercevoir que ses traces, le clocher en s'écroulant a écrasé le corps de garde ; les victimes sont considérables.

QUATRIEME MISSIVE.

J'ai passé la nuit en patrouille ; ce matin l'on m'a commandé de corvée ; j'arrive, je suis de garde ; je n'ai pas le temps de manger ma soupe, on bat pour l'inspection, on me trouve malpropre, en descendant j'irai au cachot ; voilà la vie heureuse du soldat.

CINQUIÈME MISSIVE.

Il nous faut recourir à un autre moyen de correspondance, qui soit plus compliqué que celui que nous avons maintenant, car il vient de paraître un ouvrage intitulé : la Cryptographie Dévoilée, par Charles-François Vesin, qui met à même de déchiffrer toutes les écritures de convention ; on le dit un ouvrage fort intéressant.

CHAPITRE CINQUIEME.

LANGUE ALLEMANDE.

DEUXIÈME MISSIVE.

Der Stadthalter hat mir befohlen die Stadt binnen vier und zwanzig Stunden zu verlassen : ich bitte dich demnach deine Abreise, für den Augenblick, aufzuschieben, denn ich sehe jetzt keine Möglichkeit mehr, uns wieder zu sehen, bis ich nach Hause komme, wo ich gegen Ende des Monats eintreffen werde.

TROISIEME MISSIVE.

Ich reise diesen Abend ab, um meine Gemahlin wieder einzuholen. Unser Heer ist in einer gänzlichen Unordnung, und ein groszer Theil davon hat sich schon in die angrenzenden mittäglichen Länder geflüchtet. Es its nun unnütz, sich noch mit irgend einer Art von Anwerbung abzugeben.

QUATRIÈME MISSIVE.

Es will mir in meinen Unternehmungen nichts glücken. Ich entferne mich auf einige Tage, und da die Zahlzeit des Schuldscheines sich nähert, so leiste Genügen, mein liebster Freund. Zähle auf die Zukunft und glaube an meine Erkentlichkeit und an meine unveränderliche Anhänglichkeit.

CINQUIÈME MISSIVE.

Der theuere Freund welcher auf einige Tage sich enfernen muszte und mich ersuchte, seinen Schuldzettel zu zahlen, hat sich so gut entfernt, dasz er, glaube ich, noch lauft. Leiste also diesen theuren Freunden einen Dienst, zur Belohnung tragen sie dir auf, ihre Schulden zu bezahlen.

CHAPITRE SIXIEME.

LANGUE ANGLAISE.

DEUXIÈME MISSIVE.

It is infamous thus to treat these unfortunate prisoners. After having been stripped of every thing, they are left to die of hunger and thirst in the worst prisons of the city.

TROISIÈME MISSIVE.

All is arranged for thursday. At eleven o' clock at night, the procession, accompanied by a strong escort, will be ready to set out from the prison gate. Torches, will be lighted the lenght of the gallery.

QUATRIÈME MISSIVE.

The fort of *la Lunette* is still strongly garrisoned. I cannot attack the enemy until I receive a reinforcement: hasten, therefore, to send me one. Orders are already given for that purpose, as well as for provisions.

CINQUIÈME MISSIVE.

Woe to him who shall dare to unveil the mysteries for which we are assembled in this dangerous retreat! for nothing can protect him from the fury of our just revenge.

CHAPITRE SEPTIÈME.

LANGUE LATINE.

DEUXIÈME MISSIVE.

Josue, devictis omnibus Palæstinæ populis, Hebræos in sede destinata collocavit : agros et oppida capta singulis tribubus divisit, et mortuus est.

TROISIÈME MISSIVE.

Tamen Deus dixit Gedeoni : Non ópus est tibi tot millibus hominum ; dimissis cæteris, retine tantum trecentos viros, ne victoriam suæ virtuti tribuant, non potentiæ divinæ.

QUATRIÈME MISSIVE.

Commissa pugna, Hebræi fusi sunt : tres filii regis in acie ceciderunt : Saül ipse ex equo delapsus, ne vivus in potestatem hostium veniret, uni comitum latus transfodiendum præbuit.

CINQUIÈME MISSIVE.

Verbis prophetæ motus David culpam agnovit et confessus est. Cui propheta : Tibi iniquit, Deus condonat peccatum tuum : attamen filius qui natus est tibi morietur.

CHAPITRE HUITIEME.

LANGUE ITALIENNE.

DEUXIÈME MISSIVE.

La notizia che vengo di ricevere in questo momento, ha rotto affatto i miei disegni. Non si sa ancora, tu mi dici, lo risultato della cosa? ebbene, leggi questa lettera, e lo saprai.

TROISIEME MISSIVE.

I guardiani delle carceri già sono quasi tutti inebriati dal vino, e spero, che faremo, con quel metallo che faceva nascere i volcani nella mente di Figaro, spalancar le porte a tuo fratello.

QUATRIÈME MISSIVE.

Non ho momenti più felici, di quelli, che passo vicini alla mia gentile ed amata Ortenzia; io penso a lei la notte, il giorno; ogni momento, in ciascun luogo; svegliomi il mattino col dolce suo nome in bocca.

CINQUIÈME MISSIVE.

Mentre ti scrivo, la nostra città è in un grande scompiglio, il disordine è tale, che più non si conosce chi comanda, e chi deve ubbidire.

CHAPITRE NEUVIEME.

LANGUE ESPAGNOLE.

DEUXIÈME MISSIVE.

Se trata desde algun tiempo á esta parte, de establecer una comunicacion telegráfica su-marina, entre la isla de Cuba y los Estados-Unidos.

TROISIEME MISSIVE.

Se escribe de Berlin, con fecha del cuatro de Marzo, que la ley entera sobre el divorcio, se desechó, en la segunda cámara, á gran mayoria.

QUATRIÈME MISSIVE.

Las autoridades de Neufchatel temon una nueva tentativa de parte de los realistas. Oficiales republicanos se han reunido en consejo de guerra para deliberar.

CINQUIÈME MISSIVE.

El Consejo federal ha anunciado al ejercito helvético la solucion pacífica del conflicto, y hadado órden de licenciar las tropas ya reunidas.

§ II.

TRADUCTION FRANÇAISE

Des Missives Allemandes, Anglaises, Latines, Italiennes et Espagnoles que l'on trouve dans cet ouvrage.

LANGUE ALLEMANDE.

PREMIÈRE MISSIVE.

On dit que la baronne, héritière de l'immense fortune dont je t'ai parlé, ainsi que sa demoiselle, quitteront le pays en deux jours pour se rendre à Paris.

DEUXIEME MISSIVE.

Le gouverneur m'a ordonné de quitter la ville dans les vingt-quatre heures : je te prie donc de suspendre pour le moment ton départ, car je ne vois plus la possibilité de nous revoir avant d'arriver chez moi, où je serai vers la fin du mois.

TROISIÈME MISSIVE.

Je pars ce soir pour rejoindre mon épouse. Notre armée est tout à fait en déroute, et une grande partie s'est déjà réfugiée dans les pays limitrophes du midi. Maintenant il est inutile de s'occuper encore d'aucune espèce de recrutement.

QUATRIÈME MISSIVE.

Je joue de malheur dans mes entreprises. Je m'éloigne pour quelques jours, et comme le terme du billet s'approche, paye-le, mon cher ami : compte sur l'avenir, et crois à ma reconnaissance et à mon attachement inaltérable.

CINQUIÈME MISSIVE.

Ce cher ami qui devait s'éloigner pour quelques jours, et qui me priait de payer son billet, est si bien parti, que je crois qu'il court encore. Rendez donc service à ces chers amis, en récompense ils vous chargeront de payer leurs dettes.

LANGUE ANGLAISE.

PREMIÈRE MISSIVE.

Je t'informe qu'on a trouvé le citoyen Amery poignardé à l'entrée du château ; on le suppose victime d'une cruelle trahison. Si cela est vrai, nous sommes tous en danger.

DEUXIÈME MISSIVE.

C'est une infamie que de traiter ainsi ces pauvres prisonniers. Après les avoir tous dépouillés, on les laisse mourir de faim et de froid dans les plus mauvaises prisons de la ville.

TROISIÈME MISSIVE.

Tout est arrêté pour jeudi. A onze heures du soir le cortége, avec une bonne escorte, se trouvera prêt à partir à la porte du souterrain. Des flambeaux seront allumés tout le long de la galerie.

QUATRIÈME MISSIVE.

Le fort de la Lunette est encore bloqué. Je ne pourrais attaquer l'ennemi qu'en recevant un renfort ; hâtez-vous donc de me l'expédier. Des ordres sont déjà donnés pour sa réception et pour les vivres.

CINQUIÈME MISSIVE.

Malheur à celui qui osera dévoiler les mystères pour lesquels nous nous sommes réunis dans ces lieux de dangereuse retraite. Car rien ne pourra le soustraire à la fureur de notre juste vengeance.

LANGUE LATINE.

PREMIÈRE MISSIVE.

Antiochus eut pour successeur son fils, nommé Eupator. Celui-ci, ayant hérité de la haine de son père pour les Juifs, envoya contre eux Lysias, qui, vaincu déjà une fois par Judas, désirait effacer cette tache.

DEUXIÈME MISSIVE.

Josué, après avoir vaincu tous les peuples de la Palestine, établit les Hébreux dans le pays qui leur avait été destiné : il partagea entre chaque tribu les terres et les villes conquises, et il mourut.

TROISIÈME MISSIVE.

Cependant Dieu dit à Gédéon : Vous n'avez pas besoin de tant de milliers d'hommes : retenez seulement trois cents combattants, et congédiez les autres, de peur qu'ils n'attribuent la victoire à leur valeur, et non à la puissance divine.

QUATRIÈME MISSIVE.

La bataille ayant été livrée, les Hébreux furent mis en déroute; trois fils du roi périrent dans la mêlée; Saül lui-même, étant tombé de cheval, se fit percer le côté par un de ses compagnons, pour ne pas tomber vivant au pouvoir des ennemis.

CINQUIÈME MISSIVE.

David, touché par les paroles du prophète, reconnut sa faute et l'avoua. Dieu, dit le prophète, vous pardonne votre péché, mais cependant le fils qui vous est né mourra.

LANGUE ITALIENNE.

PREMIÈRE MISSIVE.

Le premier coup de cloche qui doit annoncer minuit sera notre signal d'alerte. Le Château sera le point de réunion pour tout le monde, et pendant que tu frapperas le Doge d'un côté, j'arracherai la vie à son neveu de l'autre.

DEUXIÈME MISSIVE.

La nouvelle que je viens de recevoir à l'instant même a rompu tous mes projets. Tu me dis que l'on ne connaît pas encore le résultat de l'affaire? Eh bien! lis cette lettre et tu l'apprendras.

TROISIÈME MISSIVE.

Les gardiens des prisons sont déjà presque tous à moitié ivres, et j'espère qu'avec le métal qui faisait naître des volcans dans l'esprit de Figaro, nous ferons ouvrir les portes à ton frère.

QUATRIÈME MISSIVE.

Je n'ai de moments plus précieux de ceux que je passe auprès de mon Hortense bien aimée; je pense à elle la nuit, le jour, à chaque instant, en tous lieux; le matin je m'éveille en prononçant le nom qui m'est si doux.

CINQUIÈME MISSIVE.

Pendant que je t'écris, notre ville est dans le plus grand désordre : la confusion est telle que l'on ne connaît plus ceux qui commandent et ceux qui doivent obéir.

LANGUE ESPAGNOLE.

PREMIÈRE MISSIVE.

Les journaux anglais annoncent que le traité de paix entre l'Angleterre et la Perse a été signé aujourd'hui à huit heures du soir.

DEUXIÈME MISSIVE.

Il est question, depuis quelque temps, d'établir une communication télégraphique sous-marine, entre l'île de Cuba et les Etats-Unis.

TROISIÈME MISSIVE.

On écrit de Berlin, à la date du quatre mars, que la loi tout entière sur le divorce a été rejetée, dans la deuxième Chambre, à une grande majorité.

QUATRIÈME MISSIVE.

Les autorités de Neufchâtel craignent une nouvelle tentative de la part des royalistes. Des officiers républicains se sont réunis en Conseil de guerre pour délibérer.

CINQUIÈME MISSIVE.

Le Conseil fédéral a annoncé à l'armée helvétique la solution pacifique du conflit, et a donné l'ordre de congédier les troupes déjà réunies.

CONCLUSION.

Nous avons prouvé que l'art de déchiffrer les écritures secrètes ne consiste que dans l'examen minutieux de tous les mots d'une langue. Nous avons prouvé aussi que le système employé par nous est le même pour toutes, pourvu qu'on observe dans chacune de ces langues quelques exceptions et quelques particularités qui leur sont propres.

Nous avons fait l'application de notre méthode aux langues de l'Europe le plus universellement répandues, et chacun pourra se créer aisément un nouveau système pour celles qu'il se propose d'étudier.

Bien que la connaissance de ces langues ne soit pas rigoureusement indispensable, il est néanmoins important de faire de chacune d'elles une étude spéciale, analogue à celle qui fait l'objet d'un de nos précédents chapitres.

Il faut d'abord chercher à pénétrer le génie de cette langue, scruter soigneusement le mode de formation de tous les mots qui la composent, voir quels sont les monogrammes les plus usités, les lettres, les bigrammes, les trigrammes qui se reproduisent le plus; remarquer quels mots sont uniques dans leur construction, afin qu'aidé de la lettre qu'on y trouve on puisse arriver immédiatement à la découverte de celles qui l'accompagnent. Par exemple, si dans les bigrammes français, *il*, *et*, *un*, nous trouvons l'I, le T et l'U, nous saurons bientôt que le chiffre qu'il nous reste à découvrir remplace l'autre lettre. Il en est de même pour les trigrammes *été*, *ici*, *non*, *tôt*, etc.; la découverte d'une seule des lettres qui les composent amène infailliblement celle des autres.

Il faut chercher avec attention les redoublements et voir quelles sont les lettres qui les précèdent ou qui les suivent ordinairement.

Ces explications suffiront, nous n'en doutons pas, au lecteur studieux et patient, qui aura bien voulu approfondir notre ouvrage; quant à nous, l'utilité qu'il en pourra tirer et la satisfaction qu'il en ressentira seront notre plus grande récompense, notre succès le plus doux.

Maintenant, pour ne rien céler, et tout faire connaître à celui qui serait tenté de suivre notre exemple, en faisant à une langue quelconque l'application de notre système, nous allons tracer le plan de l'opération que nous avons suivie, et dévoiler tous les secrets de la Cryptographie.

Nous avons divisé par catégories, suivant le nombre de lettres qu'ils contenaient et en les marquant d'un chiffre, tous les mots usuels de la langue que nous voulions étudier. Nous les avons ensuite subdivisés en autant de catégories partielles, relativement au nombre de constructions diverses qu'ils pouvaient compter, et nous en avons commencé l'examen minutieux, un à un, en augmentant progressivement depuis ceux composés d'une seule lettre jusqu'aux polygrammes les plus longs, et en étudiant chacun d'eux sous toutes les faces, afin qu'aucune de ses particularités ne pût échapper à nos observations.

Puis, à l'aide d'une grammaire, nous sommes arrivé à connaître la formation de l'alphabet, les monogrammes, les diphthongues, etc.; dans un ouvrage en prose, nous avons fait la recherche des mots les plus usités d'une ou de plusieurs syllabes, et de tout ce qui pouvait nous faciliter l'étude mécanique de la langue qui nous occupait.

Pour savoir quelles étaient les lettres qui se reproduisaient le plus, nous avons employé la méthode suivante : après avoir tracé un tableau composé d'autant de colonnes verticales que l'alphabet comptait de lettres, nous avons ouvert au hasard un livre en prose, et, commençant au premier alinéa qui frappait notre vue, nous avons compté les lettres qui y entraient, depuis une jusqu'à douze cents; nous nous sommes ainsi rendu compte de la proportion la plus exacte dans laquelle elles se trouvent reproduites dans un nombre de lignes donné. Ce calcul réclame de l'opérateur une grande exactitude.

Restait ensuite à créer des missives pour exercer le savoir acquis, et vérifier la justesse des observations recueillies :

nous les avons d'abord écrites dans notre propre langue pour les traduire après en celle à laquelle nous voulions en faire l'application, tâche que nous confiions à une personne sûre, quand la connaissance de cette langue ne nous était pas très-familière; ceci fait, nous avons interverti l'ordre de l'alphabet ordinaire, ou bien nous en avons créé un nouveau : puis, après avoir copié notre missive en suivant l'ordre du nouvel alphabet, nous avons essayé de la déchiffrer, non comme s'il s'agissait de satisfaire notre curiosité, mais, au contraire, en y attachant autant d'importance que s'il fallait en faire la démonstration à quelqu'un. Cet essai nous a permis de recueillir de nouvelles observations, et, après avoir surmonté tant d'obstacles par une scrupuleuse application des principes que nous avons énoncés, nous sommes parvenu à déchiffrer couramment toute sorte de missives; mais, avant d'arriver à ce résultat, nous avons pendant bien longtemps travaillé avec persévérance et opiniâtreté; pour faire l'application de notre système à plusieurs langues, et en composer un résumé de quelques centaines de pages nous en avons noirci douze fois plus, et nous avons passé deux années de notre vie dans le silence du cabinet au milieu d'études sérieuses, dont nous ne regretterons toutefois ni la longueur, ni l'aridité, si cet ouvrage atteint le but que nous nous sommes proposé, et si, comme nous l'espérons, vous en pouvez tirer, cher lecteur, autant de fruit qu'il nous a coûté de peine et de travail.

DEUXIÈME PARTIE.

PRÉCIS ANALYTIQUE

DES LANGUES ÉCRITES,

AU MOYEN DUQUEL ON PEUT LES TRADUIRE SANS EN AVOIR AUCUNE CONNAISSANCE PRÉALABLE.

PRÉCIS ANALYTIQUE

DES LANGUES ÉCRITES,

AU MOYEN DUQUEL ON PEUT LES TRADUIRE SANS EN AVOIR AUCUNE CONNAISSANCE PRÉALABLE.

Cette deuxième partie, traitée avec quelque étendue, nous fournirait assez de matière pour en former un grand volume; cependant, pour en rendre l'étude et l'intelligence plus faciles au lecteur, nous nous bornerons à faire de notre méthode un résumé clair et rapide, nous réservant de lui donner plus tard, dans un ouvrage spécial, tout le développement que comporte une science qui intéresse à un aussi haut degré le monde scientifique, et dont le but est d'abréger, autant qu'il est possible de le faire, le temps immense consacré à l'étude des langues, surtout des langues anciennes, le plus souvent oubliées aussitôt apprises, et qui rarement sont d'une grande utilité à leurs possesseurs. Nous ferons donc en sorte que l'élève, au moyen de cette méthode, puisse apprendre en peu de temps ce que la méthode ordinaire lui enseignait à peine dans un an.

Notre système, étant tout à fait analytique, se gravera dans l'esprit du lecteur intelligent d'une manière ineffaçable, quelle que soit la rapidité de ses études.

Dans ce PRÉCIS, notre intention n'est pas d'enseigner à parler ou à écrire ces langues, cela n'entre point dans notre spécialité, mais de faire qu'on les comprenne et qu'on les traduise; pour mieux nous expliquer encore, nous enseignerons la manière de comprendre et de traduire le sens parfait d'un fragment écrit dans une langue qu'on ignore tout à fait, et pour cela nous dirons quels sont les moyens que nous avons employés pour atteindre ce but, lorsqu'après avoir traduit une lettre en chiffres nous nous trouvions dans la nécessité d'en connaître la juste signification.

Nous ne nous sommes décidé à initier le lecteur à cette nouvelle branche de connaissances humaines qu'après nous être assuré que les moyens employés par nous étaient les meilleurs, et remplissaient parfaitement les conditions que nous nous étions imposées; nous espérons, en ajoutant ce traité à la CRYPTOGRAPHIE DÉVOILÉE, rendre celle-ci plus intéressante et plus digne encore de l'attention publique.

Bien que cet art semble indépendant de celui que nous avons déjà traité, il a cependant quelque relation avec lui sous le rapport des écritures occultes. En effet, qu'y a-t-il de plus obscur, et quelle différence existe-t-il, entre une phrase écrite au moyen d'un alphabet arbitraire, et une autre phrase écrite avec les lettres alphabétiques d'une langue quelconque, pour celui qui ne connaît point l'alphabet de la première ou la valeur d'un seul monogramme de la seconde? aucune, si ce n'est celle de l'inconnu.

CHAPITRE UNIQUE.

---

§ Ier.

LANGUE ALLEMANDE.

Phrase à traduire.

Wir erhalten in diesem Augenblicke Nachrichten von unserer Familie; alles benfindet sich wohl auf dem Lande.

Après avoir déchiffré cette phrase et l'avoir rendue dans les caractères de sa propre langue, je me suis demandé de quelle utilité pourrait être pour moi ce travail, puisque, étranger à cette langue, il me faudrait, pour en savoir le contenu, recourir à un traducteur? D'aucune, évidemment.

Considérant donc la grande utilité que le déchiffreur pourrait en recueillir, et l'importance qu'acquerrait la CRYPTOGRAPHIE DÉVOILÉE, si l'on parvenait à y joindre l'art de traduire les langues même sans les connaître, je me suis livré à de longues et difficiles recherches pour parvenir à ce résultat.

J'avais d'abord cru que pour atteindre le but que je me proposais, il m'aurait fallu un vocabulaire de toutes les langues, dans lequel tous les mots fussent comparés dans leur cause, leur structure et leur idéologie; mais ce grand ouvrage n'existe pas; je puis le concevoir, mais il m'est impossible de l'exécuter. J'ai donc imaginé qu'un catalogue spécial qui contiendrait tous les mots d'une langue, et donnerait la traduction de ces mots dans une autre langue, y suppléerait jusqu'à un certain degré. Ainsi, dans l'état encore si imparfait de la science du langage, le Dictionnaire seul pouvait momentanément atteindre mon but; je m'y suis donc attaché sans hésitation.

Il me semblait cependant que le Dictionnaire ne pouvait satisfaire entièrement à notre besoin, par la raison que, tout en nous donnant la traduction exacte et directe de quelques mots, il nous donnait à la fois différentes significations pour un même mot; ainsi il resterait l'embarras d'appliquer à un mot la plus convenable de ces significations. D'un autre côté, le Dictionnaire ne donne pas la conjugaison de tous les verbes, la déclinaison de tous les noms, etc. : il y avait donc encore ici de nouvelles études à faire; en un mot, l'ensemble de mon projet me faisait entrevoir dans son exécution une infinité d'obstacles presque insurmontables. Cependant, loin de me décourager, je me mis à l'œuvre, le Dictionnaire à la main, et voici comment je l'ai utilisé.

J'ai d'abord commencé par écrire la phrase allemande sur des lignes horizontales, en conservant quelque distance entre tous les mots, et une distance plus grande encore entre les lignes, de manière à pouvoir former de chaque mot, que j'ai eu soin de numéroter, autant de colonnes verticales, en y ajoutant au-dessous les différentes significations que me fournissait le Dictionnaire, et en mettant, pour plus de clarté, un numéro à chacune de ces significations. Exemple, la préparation suivante :

PRÉPARATION.

1	2	3	4
Wir	erhalten	in	diesem
—	—	—	—
Nous	1 *recevoir*	1 *en*	1 *ce*
	2 *avoir*	2 *dans*	2 *cet*
	3 *obtenir*	3 *à*	3 *cette*
		4 *au*	4 *celui-ci*
		5 *à l'*	5 *celui-là*
		6 *à la*	6 *ceci*
		7 *entre*, etc.	7 *céla*

5	6	7	8
Augenblicke	Nachrichten	von	unserer
—	—	—	—
1 *clin d'œil*	1 *avis*	1 *de*	*notre*
2 *moment*	2 *avertissement*	2 *du*	
3 *instant*	3 *nouvelle*	3 *de la*	
		4 *des*	
		5 *par*	

9	10	11	12
Familie	alles	befindet (de befinden)	sich
—	—	—	—
famille	1 *tout* 2 *tous* 3 *toute* 4 *toutes*	1 *être* 2 *trouver* 3 *porter*	*se*

13	14	15	16
wohl	auf	dem	Lande
—	—	—	—
bien	1 *à* 2 *en* 3 *par* 4 *vers* 5 *pour*, etc.	1 *au* 2 *à l'* 3 *à la*	1 *terre* 2 *terrain* 3 *champ* 4 *campagne*, etc.

Maintenant que nous connaissons tous les mots de la phrase à traduire, ainsi que leur signification, nous pourrons facilement voir que l'on y parle des *nouvelles* que l'on aurait *reçues* d'une *famille*, laquelle paraît *se bien porter*; mais nous ne voulons pas nous contenter de cela, il faut opérer la traduction littérale de la phrase, en prenant dans les différentes colonnes le mot que nous croirons le mieux exprimer le sens du mot allemand qui se trouve à la tête de chaque colonne; il nous faut en outre créer la traduction des mots que nous n'avons pas trouvés dans le Dictionnaire; il faut enfin mettre tous ces mots en ordre et rendre parfaitement français le sens de la phrase allemande. Voici donc comment nous expliquerons cette opération :

1
Le mot *Wir* (*) ne se traduit autrement que par *Nous*; maintenant nous prendrons le mot de la deuxième colonne *erhalten*; nous trouvons dans le Dictionnaire : *recevoir*
1
avoir, *obtenir*. Il s'agit alors d'adopter l'une ou l'autre
2 3
de ces significations; je crois que la première nous convien dra; en tout cas, lorsque nous aurons fait la traduction préparatoire de la phrase, nous pourrons substituer aux mots déjà inscrits ceux qui, parmi les autres, nous sembleront le plus convenables : d'après ce raisonnement, c'est à *recevoir* que nous donnerons la préférence.

Nous trouvons, dans la troisième colonne verticale sous *in*, les mots *en*, *dans*, *à*, *au*, *à l'*, etc. Il me semble que
1 2 3 4 5
en ou *dans* se lie mieux que les autres avec les mots qui le précèdent, et nous en aurons bientôt la preuve; prenons donc *en*, parmi ces deux mots; d'ailleurs c'est le premier de cette colonne, et l'expérience nous apprend que le premier mot est ordinairement celui qui nous donne un sens réel; nous avons ainsi : *Nous recevoir en* . . . .

A la quatrième colonne, sous le pronom démonstratif *diesem*, se trouve *ce*, *cet*, *cette*, etc., et nous apercevons
1 2 3
les mots *clin d'œil*, *moment* et *instant*, à la cinquième...
1 2 3

(*) Le numéro qui surmonte un mot indique la colonne à laquelle il appartient; le numéro qui se trouve au-dessous indique la place que le mot occupe parmi les différentes significations qui forment cette colonne.

Voyons donc quel est le mot de la quatrième colonne qui peut s'accorder avec un de ceux de la cinquième : certes, ce n'est que *ce* avec *moment*, car on ne pourra dire, avec les autres, *cette*, *celui-ci* ou *ceci moment*. Nous prendrons ainsi *ce*[1] pour *diesem*, et *moment*[2] pour *Augenblicke*[5].

Il est cependant essentiel de faire quelques observations à l'égard de ces deux derniers mots ; c'est-à-dire, qu'il faut chercher dans le Dictionnaire *dieser* pour *diesem*, et *Augenblick* pour *Augenblicke*. Nous pourrions aussi prendre *instant*[3] à la cinquième colonne au lieu de *moment*, mais alors il faudrait prendre aussi les mots *dans*[2], à la troisième colonne, et *cet* à la quatrième, au lieu de prendre *ce*[1] dans celle-ci et *en*[1] dans l'autre, pour dire : *Nous recevoir dans cet instant*, au lieu de : *Nous recevoir en ce moment*, etc. Mais comme ces deux manières de s'exprimer ne changeraient aucunement le sens du discours, nous avons pris indifféremment la suivante : *Nous recevoir en ce moment*. . . . .

Or, *recevoir*, dans ce cas, n'est pas admissible ; par conséquent, il me semble que nous devons traduire le mot *erhalten* par *recevons* ou *avons reçu* ; mais comme le mot allemand ne paraît pas être un temps composé, nous le traduirons par *recevons*, et les cinq premiers mots signifieront : *Nous recevons en ce moment*. . . . .

Pour le mot *Nachrichten*[6], nous trouvons *Nachricht* au singulier, lequel veut dire : *avis*[1], *avertissement*[2] ou *nouvelle*[3], mais le sens de la phrase veut qu'on lui applique de préférence ce dernier; nous aurons ainsi : *Nous recevons en ce moment nouvelles. . . . .*

8 9

Les mots *unserer* et *Familie* se traduisent par *notre famille*; alors nous devons prendre dans la septième colonne, sous *von*, le mot *de* pour dire : *de notre famille. . . . .*

Alles ne se trouve pas dans le Dictionnaire, mais en revanche nous trouvons les mots *all*, *aller*, *alle*, *alles*, qui se traduisent comme nous l'avons indiqué à la dixième colonne.

Avant d'aller plus loin, nous ferons remarquer que nous nous trouvons dans la nécessité de faire précéder le mot *nouvelles* par l'article composé *des*, parce que, s'il n'est pas nécessaire dans la langue allemande, il devient indispensable en français, nous dirons alors : *Nous recevons en ce moment des nouvelles de notre famille. . . . .*

11

Befindet, on le voit, ne peut représenter ici que la troisième personne du singulier de l'indicatif présent du verbe *befinden*, *être*, *trouver* ou *porter* ; ce dernier est celui qui s'applique le mieux au sens de notre phrase.

13

Wohl, se traduit directement par *bien* : cependant il me semble que, *tout . . . . porte bien*, ou *se porte bien*, n'exprime pas un sens aussi parfait que *alles befindet sich wohl* donne à la phrase allemande ; pour rendre ainsi la phrase française dans le génie de sa langue, il conviendra de traduire le mot *alles*, par *tout le monde*.

14 15 16

Les trois derniers mots *auf*, *dem* et *Lande*, se traduisent par *à la campagne*, en prenant *à la* pour les deux mots *auf dem*, et *campagne* pour *Lande*, préférablement aux mots : *terre*, *terrain* ou *champ*, etc.

12

La traduction du mot *sich* est tout simplement *se*, qui complétera le sens de la phrase, si nous le mettons avant le mot *porte*. La phrase allemande sera donc traduite par ces mots :

Nous recevons en ce moment des nouvelles de notre famille; tout le monde se porte bien à la campagne.

Nous avons ainsi opéré en français la traduction d'un écrit, ce qui eût d'abord paru impossible sans une connaissance spéciale de la langue.

Supposons même notre traduction imparfaite, ne pourrait-on pas, d'après notre système, comprendre le sens d'une pièce tracée dans une langue qu'on ignore entièrement? Certes ; car, pour en comprendre le sens, nous n'avons pas même besoin de la traduire mot à mot. Eh bien! notre but est atteint, nous n'en demandons pas davantage.

Comme j'ai promis de ne pas trop m'étendre dans ce résumé, un exemple pour chaque langue suffira, ce me semble, pour démontrer la marche qu'il convient de suivre; un peu de réflexion et d'intelligence vaudront mieux, pour le lecteur, que toutes les explications que je pourrais ajouter.

§ II.

LANGUE ANGLAISE.

Phrase à traduire.

In this manner we began to find that every situation in life might bring its peculiar pleasures.

Avant d'en entreprendre la traduction, il faut préparer le tableau, en échelonnant tous les mots de la phrase, pour former de chacun autant de colonnes verticales, faire, en un mot, ce que nous avons fait dans le paragraphe précédent. Ensuite, il faudra jeter un regard scrutateur sur chaque colonne et sur les différentes significations qui en forment l'objet, pour tâcher de saisir sommairement le sens de la phrase, afin de pouvoir en faire la traduction la plus exacte et le plus promptement possible ; mais, pour cela, il importe surtout de fixer notre attention sur les mots qui ont une seule signification ; car ce sont toujours des substantifs ou autres mots qui, tout en nous donnant une traduction positive, nous initient le plus souvent au sujet principal de la phrase.

PRÉPARATION.

1	2	3	4
In	this	manner	we
—	—	—	—
1 *de*	1 *ce*	1 *manière*	*nous*
2 *en*	2 *cet*	2 *forme*	
3 *dans*	3 *cette*	3 *méthode*	
4 *par*	4 *ces*		
5 *avec*			
6 *selon*			

5	6	7	8	9
began (prét. du v. *to begin*)	to	find	that	every
—	—	—	—	—
1 *commencer*	1 *à*	1 *trouver*	1 *que*	1 *chaque*
2 *débuter*	2 *au*	2 *rencontrer*	2 *qui*	2 *tout*
	3 *à la*	3 *découvrir*	3 *afin que*	3 *chacun*
	4 *à l'*			

10	11	12	13
situation	in	life	might (prét. du v. défini[t]if *may*)
—	—	—	—
1 *situation*	1 *de*	1 *vie*	*pouvoir*
2 *état*	2 *en*	2 *existence*	
3 *condition*	3 *dans*		
	4 *par*		
	5 *avec*		
	6 *selon*		

14	15	16	17
bring	its	peculiar	pleasures
—	—	—	—
1 *apporter*	1 *son*	1 *particulier*	*plaisirs*
2 *amener*	2 *sa*	2 *singulier*	
3 *procurer*	3 *ses*	3 *spécial*	

La langue anglaise n'est pas très-difficile à traduire : la construction de la phrase ne diffère pas beaucoup de la construction française, un grand nombre de mots même ont beaucoup de rapport avec ceux de cette dernière langue.

Or, si nous avons fait ce que nous avons dit plus haut, c'est-à-dire, si nous avons examiné attentivement cette préparation, nous en aurons, sans doute, déjà saisi le sens ; mais comme nous ne voulons conserver aucune espèce de doute, nous traduirons successivement tous les mots, du premier au dernier, et nous ferons toutes les remarques que notre intelligence et nos investigations nous suggérèrent, afin de rendre plus simple et plus positif l'art de traduire spontanément.

Le troisième mot parle de *manière*, de *forme* ou de *méthode*; ces trois mots sont féminins, nous prendrons donc dans la deuxième colonne celui qui peut s'accorder avec l'un de ces trois mots, et certes ce n'est pas *ce*, *cet* ou *ces*, le seul mot
1 2 4
cette peut s'y appliquer. Parmi ceux qui correspondent à
3
3
manner, nous prendrons le premier, parce que, nous le répétons encore, le premier mot est presque toujours celui qui nous donne le sens immédiat du mot à traduire : avec le
1
mot qui correspond à *in*, nous aurions *de*, *en*, *par*, *avec* ou *selon* cette *manière*...., mais nous adopterons la préposition *de*, préférablement aux autres, pour faire : ***De cette manière***...

Le mot *we*[4] se traduit par *nous*, et nous trouvons dans le Dictionnaire que *began*[5] est le prétérit du verbe *to begin, commencer* ; nous devons donc le traduire par *commençâmes*, et nous aurons : *De cette manière nous commençâmes à trouver.....*

A trouver quoi ?.... *that*[8], *que*[1]. Quant au mot *situation*, de la dixième colonne, nous n'avons pas besoin, je crois, de le chercher dans le Dictionnaire, car la construction seule nous en indique suffisamment le sens, bien qu'il nous fournisse aussi *état*[2] et *condition*[3]. Quel est donc, encore une fois, le mot de la neuvième colonne, qui doit précéder *situation*[10] et suivre *que*[1]; est-ce *tout*[2], *chacun*[3], *chaque*[1] ? Il me semble que ce dernier est le seul applicable ; le sens sera donc : *De cette manière nous commençâmes à trouver que chaque situation....*

Life[12] nous donne *vie*[1] et *existence*[2]; alors, à la onzième colonne, sous *in*, cette fois-ci, pour mieux suivre le sens de la phrase, nous devrons prendre le mot *dans*[3], au lieu du mot *de*[1], ainsi que nous l'avons fait plus haut; mais comme *chaque situation dans vie* ne pourrait se dire en français, et que nous n'avons dans le tableau aucune colonne qui laisse apercevoir l'article *la*, nous devons croire que *in life* est, en anglais, compris dans une de ces exceptions qui demandent la suppression du *the*, correspondant, dans ce cas, à l'article *la* des Français ; nous sommes donc obligés de substituer cet article entre *dans* et *vie*, et de dire : ***De cette manière nous commençâmes à trouver que chaque situation dans la vie....***

Nous trouvons aussi que *might*[13] est le prétérit du verbe définitif *may*, *pouvoir*. Ce mot étant relatif à situation, nous le traduirons par *pouvait*, au singulier.

Le mot *bring*[14] signifie *apporter*[1], *amener*[2] ou *procurer*[3]. Ces mots ont encore quelque rapport à situation ; ainsi, pour parler plus correctement, il sera nécessaire de dire : *chaque situation dans la vie amène*, etc., plutôt que : *chaque situation dans la vie apporte* ou *procure*.

Pour les trois derniers mots de la phrase *its*[15], *peculiar*[16] et *pleasures*[17], nous avons au premier *son*[1], *sa*[2], *ses*[3], et au dernier *plaisirs*, au pluriel ; il faudra, par conséquent, prendre le pronom *ses* pour l'unir à *plaisirs* : nul doute alors que parmi les différentes significations que nous donne le mot *peculiar*, nous ne devions prendre la première, *particuliers*, laquelle finira par nous donner la traduction complète de la phrase anglaise, dans ces termes :

De cette manière nous commençâmes à trouver que chaque situation dans la vie pouvait amener ses particuliers plaisirs.

Pour la construction française, il suffira de transposer l'avant-dernier mot, et de le mettre à la place du dernier, de manière que *plaisirs* précède *particuliers*.

§ III.

LANGUE LATINE.

Phrase à traduire.

Tobias adultus uxorem duxit, habuitque filium quem ab infantia docuit timere Deum et ab omni peccato abstinere.

PRÉPARATION.

1	2	3	4
Tobias	adultus	uxorem (de *uxor, uxoris*)	duxit (parf. de *duco, ducere*)
—	—	—	—
	1 *adulte* 2 *arrivé à l'âge de raison*	1 *femme mariée* 2 *épouse*	1 *conduire* 2 *mener* 3 *guider*

5	6	7	8
habuitque	filium (voy. *filius, filii*)	quem (voy. *qui*)	ab
—	—	—	—
»	1 *fils* 2 *enfant*	1 *que* 2 *qui* 3 *lequel* 4 *laquelle* 5 *auquel* 6 *à laquelle*	1 *de* 2 *depuis* 3 *dès*

9	10	11	12
infantia	docuit	timere	Deum
	(parf. de *doceo, docere*)	(voy. *timeo, timere*)	(voy. *Deus*)
—	—	—	—
1 *enfance* 2 *âge le plus tendre*	1 *enseigner* 2 *instruire* 3 *donner à connaître*	*craindre*	*Dieu*

13	14	15	16	17
et	ab	omni	peccato	abstinere
		(voy. *omnis*)	(voy. *peccatum*)	(voy. *abstineo, abstines*)
—	—	—	—	—
et	1 *de* 2 *depuis* 3 *dès*	1 *tout* 2 *chaque* 3 *chacun*	*péché*	1 *s'abstenir* 2 *se retenir* 3 *se tenir*

Le premier mot de ce tableau, ainsi qu'on le voit, est un nom propre qui ne se trouve pas dans le Dictionnaire, et je crois qu'on ne pourrait le traduire autrement que par *Tobie.*

Pour *adultus*[2], nous trouvons *adulte* ou *arrivé à l'âge de raison;* cette manière de dire nous plaît davantage; nous commencerons ainsi par avoir : *Tobie arrivé à l'âge de raison...*

Uxorem[3] *duxit*[4]; nous voyons que pour le premier de ces mots il faut chercher *uxor*, *uxoris*, qui nous fournit *femme mariée* ou *épouse*, et nous trouvons plus bas, sous le même mot, *uxorem assumere*, qui veut dire : *prendre une femme* ou *se marier*. Le deuxième mot est le parfait de *duco, ducere*,

conduire, *mener*, *guider*, etc.; mais nous trouvons encore
1 2 3
dans les exemples, relativement à ce mot, *ducere uxorem*, *prendre une femme* ou *se marier*; nul doute ainsi que les
3 4
deux mots de la phrase : *uxorem duxit*, ne correspondent à *se maria*; nous dirons donc : *Tobie arrivé à l'âge de raison se maria....*

Nous ne trouvons qu'un seul mot qui ait quelque ressemblance avec celui de la cinquième colonne, *habuitque*, lequel est *habui*, parfait de *habeo, habes, habere, aoi*, *posséder*; bien que ce mot semble un temps composé, ou un mot formé de plusieurs autres, je crois qu'en français nous ne pourrions guère le traduire que par *eut* ou *et eut*, si nous remar-
• 6
quons surtout que ce même mot *habuitque* est suivi de *filium*, *fils*, *enfant*, avec lequel le sens de cette phrase s'accorderait
1 2
parfaitement pour signifier : *Tobie arrivé à l'âge de raison se maria et eut un fils....*

Maintenant, comme selon l'habitude nous aurons jeté un coup d'œil sur la phrase à traduire, pour tâcher d'en comprendre à peu près le sens, ainsi que nous l'avons fait pour les autres langues, nous verrons aisément que la tra-
7
duction est facile à faire : nous prendrons ainsi le mot *quem*, exprimant le *que*; on sait que ce pronom correspond encore en français, et selon les circonstances, à *lequel*, *laquelle*, *auquel*, *à laquelle*, etc.; par conséquent, dans notre cas, nous le traduirons par *auquel*.

[8] *Ab*; de ce mot nous sommes renvoyés à la prépositiòn *a*, correspondant à *de*, *depuis*, *dès*, etc., et pour *infantia* nous trouvons *enfance*, *âge le plus tendre*. De ces deux significations nous adopterons la première et nous dirons : *Tobie arrivé à l'âge de raison se maria et eut un fils, auquel dès enfance* ou *l'enfance*; mais, pour rendre la phrase dans le génie de la langue française, nous nous trouvons dans la nécessité de faire précéder le mot *enfance* par l'adjectif possessif *son*, et de dire : *dès son enfance*....

Prenons maintenant les trois mots formant les dixième, onzième et douzième colonnes : le mot [10] *docuit* est, suivant l'indication, le parfait du verbe *doceo*, *docere*, qui signifie *enseigner* [1], *instruire* [2], *donner à connaître* [3]; [11] *timere*, de *timeo*, *times*, veut dire *craindre*, et *Deum*, *Dieu*; nous prendrons donc [10] *enseigner* pour *docere*, et les autres, tels qu'on les trouve. Mais [1] *dès son enfance enseigna craindre Dieu* n'exprime pas ce que dit en latin *ab infantia docuit timere Deum*; alors nous devrons encore faire précéder le mot *enseigna* par *il*, et ajouter la préposition *à* entre ce mot et *craindre*, pour dire : *Tobie arrivé à l'âge de raison se maria et eut un fils, auquel dès son enfance il enseigna à craindre Dieu*....

Or, les mots [13] *et* [14] *ab* [15] *omni* [16] *peccato* [17] *abstinere*, pour la traduction française devront être disposés de cette manière : *et abstinere ab omni peccato*. Nous prendrons la traduction immédiate que nous fournissent les mots *et* et *peccato*, puis *de*[1] à la quatorzième colonne, *tout*[1] à la quinzième, et *s'abstenir*[1] à la dernière, pour exprimer la traduction de la phrase latine ainsi qu'il suit :

Tobie arrivé à l'âge de raison se maria et eut un fils, auquel dès son enfance il enseigna à craindre Dieu et à s'abstenir de tout péché.

§ IV.

LANGUE ITALIENNE.

Phrase à traduire.

Per alcuni giorni disperai di ripigliare l' abitudine di quella tranquillità, che già mi pareva d' avere acquistata.

PRÉPARATION.

1	2	3	4
Per	alcuni	giorni	disperai (parf. du v. *disperare*)
—	—	—	—
1 *pour*	1 *quelques*	1 *jours*	1 *désespérer*
2 *durant*	2 *quelques-uns*	2 *journées*	2 *être au désespoir*
3 *pendant*			
4 *entre, etc.*			

5	6	7	8	9
di	ripigliare	l'	abitudine	di
—	—	—	—	—
1 *de*	*reprendre*		1 *coutume*	1 *de*
2 *du*			2 *habitude*	2 *du*
3 *en*, etc.			3 *accoutumance*	3 *en*, etc.

10	11	12	13
quella (voir *quello, quella*)	tranquillità	che	già
—	—	—	—
1 *ce*	1 *tranquillité*	1 *que*	1 *déjà*
2 *cet*	2 *calme*	2 *qui*	2 *bientôt*
3 *cette*	3 *repos*	3 *lequel*	3 *tantôt*
4 *celui-ci*	4 *bonace*	4 *laquelle*	4 *tout à l'heure*
5 *celle-ci*			
6 *celui-là*			
7 *celle-là*			

14	15	16	17	18
mi	pareva (imp. du v. *parere*)	d'	avèr	acquistata (part. du v. *acquistare*)
—	—	—	—	—
1 *me*	1 *paraître*	1 *de*	1 *avoir*	1 *acquérir*
2 *je*	2 *sembler*	2 *du*	2 *posséder*	2 *gagner*
3 *moi*		3 *en*	3 *garder*	3 *obtenir*
		4 *que*	4 *conserver*	4 *conquérir*
		5 *qui*	5 *tenir*	

Il est important de bien observer dans cette langue que les pluriels féminins finissent toujours en *e* et les pluriels masculins en *i*, sauf très-peu d'exceptions ; ainsi lorsque nous avons besoin de trouver la signification d'un substantif, adjectif, etc., nous devrons toujours le chercher au singulier, c'est-à-dire en substituant un *a* à l'*e* final, et un *o* à l'*i* final, comme dans *casa* pour *case ; libro* pour *libri*, etc. Cette règle cependant, comme nous l'avons déjà fait remarquer, souffre des exceptions : ainsi quelques pluriels ayant la désinence en *i* ont le singulier finissant en *e*, comme *padre*, *padri* ; *madre*, *madri*, etc.

La traduction de la phrase qui fait l'objet du présent paragraphe ne sera pas difficile à opérer, parce que la construction étant à peu de chose près la même qu'en français, on peut très-facilement la traduire mot à mot.

Donc, le premier mot *Per* se traduit, comme nous le voyons, par différents synonymes, et comme nous remarquons que les deux mots qui le suivent, *alcuni*[2] et *giorni*[3], correspondent à *quelques jours*, nous prendrons le troisième mot de la première colonne, et nous dirons : *Pendant quelques jours*....

Disperai[4], c'est le parfait du verbe *disperare;* or, ce mot est la première personne du singulier, qui correspond à *je désespérai* , mais le *je* en italien est sous-entendu, c'est-à-dire qu'il se trouve compris dans ce même mot *disperai*, qui équivaudrait à *désespérai-je*.

Le sixième mot *ripigliare* correspond directement à *reprendre* ; nous retiendrons donc le *de* à la cinquième colonne, pour faire : *de reprendre*....

La lettre *l'* apostrophée qui précède *abitudine* remplace l'article *la* ; mais, au sujet de cette langue, dans la première partie de cet ouvrage, nous avons déjà fait connaître comment, lorsque les articles *la* et *lo* étaient suivis d'un mot commençant par une voyelle, on leur retranchait l'*o* ou l'*a* final en apostrophant l'*l;* nous traduirons ainsi *l'abitudine* par *l'habitude*.

Or, les mots *di*[9] *quella*[10] *tranquillità*[11], nous les traduirons ainsi : le onzième par *tranquillité* ou *calme*, et, bien que nous puissions nous servir indifféremment de l'une ou de l'autre de ces significations, nous retiendrons la première ; or, *tranquillité* est féminin et *quella* est aussi féminin, nous prendrons alors, parmi les mots qui correspondent à ce dernier, celui qui s'accorde le mieux avec *tranquillité*, c'est-à-dire *cette*; nous aurons par conséquent déjà trouvé : *Pendant quelques*[3] *jours je désespérai de reprendre l'habitude de cette tranquillité...*

Che[12] se traduit par *que*, *già*[13] par *déjà*. Maintenant il faut traduire le quinzième mot avant de pouvoir appliquer un vrai sens au quatorzième, *mi*. Donc, *pareva* est l'imparfait du verbe *parere*, *paraître* ou *sembler ;* en adoptant ce dernier, il faudra traduire *pareva* par *semblait*; or, en relisant notre traduction, nous verrons que c'est *me* qui doit remplacer le *mi*, pour dire : *l'habitude de cette tranquillité que déjà me semblait...*

D'[16] *avere*[17] : c'est encore ici comme si l'on disait *di avere*, alors le *d'* correspond à *de* ; *avere*, on le voit, c'est notre verbe *avoir*, et enfin *acquistata* se trouve être le participe féminin du verbe *acquistare*, *acquérir*, *gagner*, *obtenir* ou *conquérir* , c'est-à-dire que *acquistata* correspond à *acquise*, *gagnée*, *obtenue* ou *conquise*; mais il me semble que le premier de ces participes exprime mieux le sens du mot *acquistata* : la phrase italienne se traduira donc par ces mots :

Pendant quelques jours je désespérai de reprendre l'habitude de cette tranquillité que déjà me semblait d'avoir acquise.

Que l'on puisse maintenant rendre ce sens dans un style plus propre à la construction française, nous en convenons ; mais il n'en est pas moins vrai que cette traduction exprime parfaitement le sens de la phrase italienne.

§ V.

LANGUE ESPAGNOLE.

Phrase à traduire.

El dinero esta siempre tan escaso. No se puede descontar los efectos de comercio mas abajo del precio del Banco.

PRÉPARATION.

1	2	3	4
El	dinero	esta (*estar*)	siempre
—	—	—	—
Le	1 *argent* 2 *denier*	*être*	1 *toujours* 2 *à jamais*

5	6	7	8	9
tan	escaso	no	se	puede (verbe *poder*)
—	—	—	—	—
1 *aussi* 2 *autant*	1 *court* 2 *borné* 3 *en petite quantité*	*non*	1 *se* 2 *soi* (no se) 3 *on ne*	*pouvoir* (no poder) *ne pas pouvoir*

10	11	12	13	14
descontar	los	efectos	de	comercio
—	—	—	—	—
1 *décompter*	*les*	1 *effets*	*de*	1 *commerce*
2 *retenir*		2 *résultats*		2 *trafic*
3 *escompter*		3 *valeurs*		3 *négoce de marchandises*
4 *imputer*				

15	16	17	18
mas	abajo	del	precio
—	—	—	—
1 *plus*	1 *bas*	1 *du*	1 *prix*
2 *davantage*	2 *en bas*	2 *de la*	2 *valeur*
3 *mieux*	3 *ci-dessous*		

19	20
del	Banco.
—	—
1 *du*	1 *banc*
2 *de la*	2 *banque.*

Le moindre examen de cette préparation nous fera connaître que l'on parle ici d'*effets de commerce*, qu'il s'agit d'*escompte*, de *Banque*, etc.

Mais maintenant que nous avons indiqué d'une manière claire et positive la marche à suivre pour comprendre une langue inconnue, en appliquant notre système à cinq autres différentes langues, nous laisserons au lecteur l'agrément de traduire le sens de la phrase espagnole qui termine notre œuvre, et de s'exercer à son gré, s'il veut acquérir des connaissances profondes dans la science cryptographique.

FIN.

Paris, mai 1857.

VESIN DE' ROMANINI.

TABLE DES MATIÈRES.

FIN DE LA TABLE.

M. Vesin, ayant de livrer cet ouvrage à l'impression, a voulu le soumettre à l'examen et au jugement de l'Académie royale des sciences et belles-lettres de Bruxelles, afin que, dans le rapport dont elle le jugerait di...e, elle éclairât le public sur l'utilité du livre qui lui était destiné.

Or, l'Académie royale, ayant nommé une Commission composée de MM. le baron de Reiffenberg, chanoine de Ram et Willems, cette Commission qualifia M. Vesin d'*Œdipe très expert et d'une sagacité surprenante,* jugea sa *Cryptographie dévoilée* très-utile, et vota des remerciements à son auteur, qui lui furent adressés d'ordre de cette même Académie, par M. Quételet, son secrétaire perpétuel.

C'est d'après ce brillant résultat que S. M. LEOPOLD Ier, roi des Belges, voulant donner à l'auteur de la *Cryptographie dévoilée* un témoignage de sa royale satisfaction, daigna accepter la dédicace de son ouvrage, et lui faire présent d'un magnifique et riche cadeau.

M. Vesin reçut d'autres témoignages non moins flatteurs, de la part de plusieurs corps savants et de plusieurs souverains d'Europe, et, en dernier lieu, S. M. le roi de Prusse actuel, entre autres, a daigné lui adresser une lettre autographe, ainsi conçue :

« *J'ai reçu votre* Cryptographie dévoilée, *et je me fais un plaisir*
« *de vous exprimer ma reconnaissance pour la communication de cet*
« *ouvrage intéressant.*

« *Signé* : FRÉDÉRIC GUILLAUME. »

TYPOGRAPHIE HENNUYER, RUE DU BOULEVARD, 7. BATIGNOLLES.
Boulevard extérieur de Paris.

www.ingramcontent.com/pod-product-compliance
Ingram Content Group UK Ltd.
Pitfield, Milton Keynes, MK11 3LW, UK
UKHW012022240726
13965UKWH00002B/525